# 「定年後」のつくり方
## 50代から始める「自走人生」のすすめ

得丸英司

廣済堂新書

目次

# 「定年後」のつくり方

## 50代から始める「自走人生」のすすめ

## 序章 定年後の居場所は「自走力」で決まる



## 1章 もはや「定年」はリタイアではない

## 2章 定年3・0——50歳からの意識改革

## 3章 「自分を知る」――自走人生の準備はここから始まる

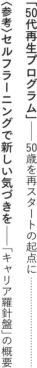

# 4章 自分だけの「定年後」をつくる――先駆者たちに学ぶヒント

# 5章 「自走人生」に備える——50代からのマネープラン

# 序章

# 定年後の居場所は「自走力」で決まる

## 定年後であって定年後でない「定年3・0」の時代

定年後研究所——。

２０２０年現在、私が所長を務めさせていただいているこの組織は、２０１８年2月15日に設立されました。

設立の背景となったのは、いよいよ前例のない「定年３・０」の時代がやってくる、という認識でした。

定年後＝老後であり、余生であった昭和を「定年１・０」とすれば、寿命が延び、高齢社会が到来するとともに年金支給開始年齢の繰り下げ、雇用・定年延長といった政策にシフトし、不安が増していった平成は「定年２・０」と言えます。

そして、「人生１００年時代」と言われ始め、さらなる雇用・定年延長が求められている令和は、同時に、一人ひとりが定年後の収入と働きがい・生きがいを自ら求め、模索していかなければならない「定年３・０」の時代であると、私たちは考えたのです。

こうした話を切り出すと、多くの皆さんがまず抱くのは、長い定年後への期待や希望ではなく、大いなる不安だと思います。

なぜなら、定年後が長くなったとしても、日本にはこういう仕組みや支援があるから、こういうものを利用して生きていけばいいとか、こういう先人たちの生き方を目指せばいい、といった確たる指針やお手本がほとんど存在しないからです。

逆に言えば、それが存在しないからこそ、これから定年後を迎える皆さんの不安に寄り添い、「前例のない定年後をいかに生きるべきか」を研究し、その成果を発信していくことには大きな意義がある。

定年後研究所はこうしてスタートしたわけです。

前例のない時代にどう向き合い、どう行動していくべきかを考えるわけですから、もちろん試行錯誤の連続でした。しかし、当初から現在までブレないものもあります。

それは、「定年3・0」は、かつては限定された人たちだけが経験するものだった「生涯現役」の人生が一般化し、普通のことになるだろうという予測。そして、そうだとすれば、これから定年を迎える人たちは、会社に依存していては定年後の人生を充実したものにすることが困難になるだろうという予測でした。

つまり、これからは自分の意志、自分の力で定年後の第二の人生を切り拓いていかなければならなくなる。だからこそ、少なくとも現役である50代のうちから、その準備にとりかかることが必要になるし、定年後研究所は、それを応援する組織でなければならないという考え方でした。

そのためには、現役のシニア社員たちの意識を知ること、悩みを共有することももちろん必要ですし、雇用や就業をサポートする企業に対し、シニア社員サポートのための提案をしていくことも大切な役割になります。


設立から2年経った２０２０年、さまざまな調査や取り組みをしてきましたが、ここへ来て大きな動きがありました。

１つは、２０２０年3月に成立した、改正高年齢者雇用安定法です。

詳細は後の章に譲りますが、簡単に言えばこれは、70歳までの雇用・定年延長、あるいは就業・起業支援への努力義務を企業に求めるものです。

私が「70歳までの活躍の場確保法」と呼んでいるこの改正法が施行されるのは、２０２１年４月１日です。

「定年が70歳になる？」「継続雇用が5年延びるんだ」

そう感じている人がいるかもしれませんが、そう単純な話ではありません。

これに対応するには、企業がこの改正法の趣旨に沿って、シニア社員を支援・フォローする制度を整備することはもちろんですが、何より大切なのは、個々のシニア社員の皆さんの意識や思考の見直しです。

これまでのように、現役は長くても65歳まで、そこからは「定年後のリタイア生活」が待っていると考えていては、時代の変化に適応できなくなる可能性が高まっているからです。

先に述べたように、これからは「前例のない定年後」が待っています。そんな時代を自分はどう生きていくのか。現役時代からそこに真剣に向き合った人と、向き合わなかった人では、定年後の収入、生きがい、充実感といったものが全く違うものになってしまいます。

そこで、これからどういう制度が始まって、定年後の生き方にどういう選択肢があり、自分はそれにどう向き合っていったらいいのか。

定年後研究所の責任者である私が、それを考えるヒントを皆さんに提供したい。これが本書を書く私の強いモチベーションでした。

## コロナ禍の下での「シニア社員活躍元年」

もう一つ、ここへ来て大きな変化がありました。

新型コロナウイルス感染の拡大です。

このウイルスは２０２０年になってから世界的に拡大し、日本でも感染症の脅威としてはかつてないほど緊迫した事態になったのはご存じの通りです。

これによって20年4月から5月にかけて緊急事態宣言の発令という、それこそ前例のない〝自粛生活〟を強いられ、企業の経済活動は大幅な縮小を強いられました。

先の改正高年齢者雇用安定法が成立して、「シニア社員活躍の時代がやってきた」という期待が高まった矢先に、新型コロナウイルスの問題が勃発してしまい、世間でもマスコミでも「シニア社員活躍」の話題が一瞬にして消えてしまったのも無理はありません。本来であれば、この2020年は「シニア社員活躍元年」となるはずだったのです。

その後、経済活動は戻りつつあるとはいえ、コロナ禍によるダメージが深刻で「リストラされるかもしれない」「会社が倒れるかもしれない」といった不安を抱えるサラリーパーソンはかなりの数に及ぶことでしょう。

そういう人々にとっては「明日の自分がどうなるかわからない。定年後の話どころではない」というのが本音だと思います。

しかし、実はこの「70歳までの活躍の場確保法」は、コロナ禍を契機とした働き方の変化や企業の対応と大いにリンクするものでもあります。

というのは、この改正法は、単なる定年・継続雇用延長という側面だけではなく、定年後を見据え、シニア社員に会社への依存度を下げ自律した働き方を促す内容にもなっているからです（詳しくは後の章で説明します）。

## 「ジョブ型」への流れが加速

コロナ禍によって、企業はテレワークに象徴される従来の働き方からのシフトを求められています。いったん始まったこの流れは後戻りすることなく、今後のポストコロナの社会でも継続されることでしょう。また、この間の経済環境の悪化は当然、多くの企業の経営悪化につながっていますから、生産性の向上がかつてないほど強く求められています。

ビフォーコロナでも、年功序列や終身雇用などを前提とした日本の伝統的な「メンバーシップ型」の制度を見直す動きがありました。その変革のスピードが、コロナ禍で急速に加速することが予想されるのです。

「メンバーシップ型」に対する雇用制度として、最近よく聞かれるようになったのが「ジョブ型」というものです。

ジョブ型雇用とは、企業が求める特定のジョブ＝職務を遂行できる人たちを集める

（ゆえに転職は珍しくない）、欧米では一般的な雇用形態です。それに対して、新卒社員を一括採用して「この人はあの仕事に向いているだろう」という適性を見た上で各部署に配置し、その後、働き方を見て配置転換したりもするやり方はメンバーシップ型雇用と呼ばれます。

いわば「人に仕事をあてはめる」のがメンバーシップ型、「仕事に人をあてはめる」のがジョブ型です。日本では従来、多くの企業がこのメンバーシップ型を採用し、それを支えてきたのが、年功序列であり終身雇用という制度だったのです。

ある会社に入社して、会社が求める仕事をうまくこなせるか、こなせないかによって、あなたは必要な人材、あなたは不必要な人材といったことが実際にはあったとしても、だからといって、不必要な人材を会社から追い出すのではなく、「あなたはこの仕事ならできそうだから、こっちで活躍してください」と、その人に居場所を作ってあげる。

図式的に言えば、これが日本型雇用の在り方で、ある意味、社員に優しい「家族型経営」とも言えるし、見方を変えれば、社員を甘やかす「ぬるま湯経営」などとも言われてきました。

つまり、よくも悪くもいったんある企業の一員になれば、よほどのことがない限り会社はその社員に居場所を与え続けてくれる――これが日本のこれまでの雇用の在り方だったのです。

それが「コロナの年」と記憶されることは確実であろう２０２０年を契機に、急速に欧米のジョブ型に変わっていく流れになるだろうということです。

## 「自走力」がもたらす企業・社員双方の利益

「欧米スタイルのジョブ型になると、年功でなく成果実績の評価体系へ」――こんな話をすると、バブル崩壊後の平成不況の時代を耐え、仕事に励んできたシニア世代は、厳しい冬の時代が一息したと思ったら今度は枯れ木ばかりの厳冬の時代かと、暗澹たる気分になるかもしれません。

しかし、先行きを嘆くほかないというわけではありません。

先ほどもふれたように、一方で２０２１年４月に施行される改正高年齢者雇用安定法は、「シニア社員をもっとうまく活用しなさい」と政府が企業に求めているのです。

ジョブに人をあてはめるのなら、シニア社員が力を発揮できるジョブがあれば「ジョブ型」は成り立つわけです。だとすれば、企業は中高年の知恵と手足を大いに活用し、収益を上げることができる仕事を開発する努力をしてください、と政府は暗に求めているわけです。

「60歳や65歳になったら…」といった年齢をモノサシにした一律的な制度・運用ではなく、シニア社員ひとり一人の経験や適性、価値観などを見つめなおし、社員自身のキャリア選択を尊重した職務付与を行っていくことが必要ではないでしょうか。

また、従来のように「9時から17時まで出社して……」といった一律的な働き方も、コロナ禍がもたらした産物として、在宅勤務等のテレワークを中心としたフレキシブルな働き方に移行しつつあります。このことも、一人ひとりの事情に応じた働き方を可能にしているのです。

このような背景から、私はジョブ型を導入するのであれば「先ずはシニア社員から」と考えています。いま企業に急がれるのは、メンバーシップ型シニア社員の「ジョブ型社員」への移行です。改正法への対応は、これをうまくやれるか否かにかかっていると言ってもいいかもしれません。

一方のシニア社員にとっては、ポストコロナ時代の企業ではジョブ型への加速はどんどん進むでしょうから、継続して活躍の場を確保したければ、シニア社員自身もそれに対応する力をつけなければいけません。

さらに言えば、もっと力強いのは、シニア社員は、いざとなったら会社に依存しなくてもやっていける準備を現役時代のうちにし、会社から離れて自らの足で走りだすこともできる「自走力」をつけておくことです。

この先、法律がどう変わろうとも、これさえ身に付けておけば、恐いものはありません。別に会社を辞めなさいと背中を押すわけではありませんが、自走力が身に付けば、会社で希望退職の募集があったときに、「うわっ、そのうちリストラかも」と落ち込むのではなく、「よし、いいチャンスだ」と思えることでしょう。

希望退職がシニア社員を地獄に突き落とすブラックナイトではなく、自分を支援し、背中を押してくれるホワイトナイトにもなるのです。

シニア社員に自走力が付けば、社員には会社に残るもよし、去るもよしという幅のある選択と心の余裕が生まれます。また、企業にとってもシニア社員を残すか切るかという従来型の選択ではなく、シニア社員をこの先どの場所で生かすかというお互いにとってハッピーな選択を探ることができます。

そういう意味で、２０２０年のコロナ禍は、シニア社員にとって幸せな定年後をつくるため、自走人生に踏み出すきっかけを与えてくれたのかもしれません。

## 新型コロナが与えてくれた「新しい居場所」発見のチャンス

考えてみてください。もしもコロナ禍も何もなく、会社は安定しているけれど、もはや会社に働きがいのある自分の居場所はない――こんなサラリーマンとしての晩年を迎えていたら……と。

そんなシニア世代に、新型コロナが気づかせてくれたもの、抱かせてくれた危機感が確実にあるはずです。

そうだとしたら、「コロナ禍転じて福となす」としようではありませんか。

新型コロナの犠牲になられた方々はもちろんお気の毒ですが、その一方で、これがあったことで、これまでに経験したことのない時代がやって来た。図らずもそのタイミングで「70歳までの活躍の場確保法」が誕生した。これによって、今こそ新しい生き方、新しい働き方を求めなさいと言われているような気がしてなりません。

繰り返しますが、ポストコロナ時代に対応した新しい働き方、生き方が求められている今こそ、これまでと違う新しい自分を発見し、自分の新しい居場所への一歩を踏み出す千載一遇のチャンスです。

それが、若い人ではなく、もはや定年を意識する年齢になった人たちにこそ与えられたチャンスなのだということを意識して、本書を読み進んでいただければ幸いです。

一緒に、生き生きとした自走人生を探しにいきましょう。

２０２０年12月吉日

得丸英司

# 1章

# もはや「定年」はリタイアではない

## 定年はどう変わってきたか――「55歳」から「70歳」まで

一般的に日本で「定年」と言えば、サラリーパーソン（月給をもらっている公務員なども含む）の「定年退職」のことを指します。

定年退職とは所属組織で定められた法規や規則によって、一定の年齢に達した際に退官・退職することで、「定年になった」と言えば、その年齢に達したことを言うわけです。

現在、日本の企業や役所などの定年は「60歳」が主流です。

ただし、２０１３年からは希望者全員に対し、定年後も65歳までの継続雇用が義務化されています。つまり、その人に働く意思があれば、65歳まで働くことができる（法施行の経過措置で、完全に65歳までの雇用が義務化されるのは２０２５年4月1日以降）。このことを知らないというサラリーマンの方は少ないでしょう。

ただ、ここに至るまでには、長い歴史がありました。少しだけ、日本における定年の歴史を紐解いてみましょう。

日本で最初の定年制度は、1887年（明治20年）に定められた東京砲兵工廠《こうしょう》の職工規定と言われています。

東京砲兵工廠は小銃などの兵器を製造していた陸軍の工場で、ここで働く職工さんたちは高い技術をもっていたため、引く手あまただったようです。そこで定年制度を設けて雇用の安心を与え、転職を防ごうとした。これが定年制度の始まりというわけです。

東京砲兵工廠では「年齢満五十五年ヲ定年」、と、55歳定年が定められました。平均寿命が45歳ぐらいの時代ですから、文字通りの終身雇用を約束したのです。

その後、大正から昭和にかけて、民間企業などにも55歳定年が徐々に浸透し、戦後になると日本企業のスタンダードになっていきます。

戦後、高度経済成長と軌を一つにするように、日本人の平均寿命も格段に延びました。

1950年　男性58歳　女性61・5歳

1960年　男性65・32歳　女性70・19歳

1980年　男性73・35歳　女性78・76歳

戦後の日本人はどんどん長生きになっていきます。

その一方で、団塊の世代以降は出生数が減少（戦前は5人や6人きょうだいは当たり前でした）、「少子高齢化」社会が始まりました。

こうした背景を踏まえ、定年年齢に動きが出てきます。

１９８６年には「高年齢者等の雇用の安定等に関する法律」の改正により、60歳定年が企業の努力義務に、94年には60歳未満の定年制が禁止（施行は98年）され、日本の標準的な定年年齢は「60歳」となりました。

そして、さらなる平均寿命の伸長、超高齢化社会の到来によって、前述したように２０１３年からは実質65歳（定年年齢を65歳に引き上げるのではなく、60歳定年後の継続雇用の形が多いのが現状です）へと延長されたわけです。

## 「70歳定年」の時代がもうすぐやってくる!?

先述したように、「65歳定年」にも経過措置があり、２０２０年現在はまだ段階的に引き上げられている途中です。完全に施行されるのは２０２５年ですが、それを待たずに、2021年4月から「70歳定年」へとさらに引き上げられようとしています。

「えっ？　そんなこと、いつ決まったの？」

そう思う方がいるのも無理はありません。

「改正高年齢者雇用安定法」、あるいは「70歳就業法」「70歳定年法」などとも呼ばれるこの法律が成立したのは2020年3月。その直後に新型コロナウイルス感染が拡大し、「一刻も早く、政府は緊急事態宣言を出すべきだ」などという声が各方面から聞こえてきて、世の中が騒然としたのです。

そんな中で、誕生したこの改正法。簡単に言えば、企業は、シニア社員が希望すれば70歳まで働き続けることができるよう、就業機会を確保する手立てを講じる努力をしなければならないとするものです。

あとで詳しくふれますが、まずはその内容を現状とざっと比較して見てみましょう。

## ■改正前の高年齢者雇用安定法による企業の義務（いずれかを選択）

①65歳までの定年引上げ

②定年廃止
③希望者全員に適用する65歳までの継続雇用制度の導入（子会社・関連会社等を含む）

■改正後の高年齢者雇用安定法による企業の努力義務

①70歳までの定年引上げ
②定年廃止
③70歳までの継続雇用制度の導入（子会社・関連会社に加えて、他の会社も含む）
これら以外の雇用によらない措置として
④70歳まで継続的にフリーランスや起業支援などの業務委託契約を締結する制度の導入
⑤70歳まで継続的に社会貢献事業に従事できる制度の導入

「65歳まで」が「70歳まで」となった年齢以外の改正前と改正後の違いは、前者が企業に対して実施を義務化しているのに対し、後者は努力義務に留まっていることと、継続雇用制度の適用範囲を他の会社にまで拡げたこと、雇用によらない支援措置を設けたことです。

それにしても、「実質65歳定年」が完全実施される前に、努力義務とは言え「企業は70歳まで雇用・就業に協力しなさい」と言わなければならなかったところに、人手不足や年金問題などを含む時代の急速な変化が表れていると言えるでしょう。

ちなみに「定年」という概念は、中国の「礼記《らいき》」まで遡《さかのぼ》ることができるようです。「礼記」は礼に関する書物をまとめた儒教の経書で、五経の一つ。前漢の頃に編さんされたものです。

「七十日老　而傳（七十歳を老と言う。そして、あとに引き継ぐ）」

そこに、こう記されています。

つまり、70歳になったら、それまで培ってきた知識や経験を若い世代に伝え、自らは身を退くべきだ、という教えです。

実は日本でもこれに模して、奈良時代の養老律令（757年）にも、官吏は70歳を超えたら引退、と「70歳定年」を定めています。

もっとも中国でも日本でも、当時の70歳はとんでもない高齢で、現在でいえば100歳ぐらいの感覚ではないでしょうか。この年齢まで働けば、お役御免になるのは当然です。逆に当時は体が動かなくなるまで、あるいは死ぬまで働くのが普通だったから、こうした決まりができたのでしょう。

## 定年はどの国にでもあるわけではない

ところで、読者の皆さんの中には、実施年齢などの違いはあっても、定年制度のようなものは世界共通だと思っている人も多いのではないでしょうか。

実は、定年制度というものがない国は少なくありません。その代表がアメリカ、カナダ、イギリスなど欧米先進国です。

これらの国では年齢によって退職させるのは「差別」だという考え方で、警察官、消防士、パイロットやバス運転手など一部の職種を除いて法律によって禁止されていて、定年制度を設けることは違法なのです。

アメリカでは1960年代に40～65歳の個人に対して年齢を理由に採用、賃金、解雇、労働条件に関する差別を禁じる「年齢差別禁止法」が施行されました。ということは、アメリカもかつては実質65歳定年制だったということです。

しかし、1970年代後半には「65歳では早すぎる」という声が大きくなり、78年には70歳に、ついに86年には適応年齢の上限が撤廃され、定年制度自体が廃止されました。

ちなみに70歳に延長された際に大きな影響を与えたのは、現代経営学の礎を築いたピーター・ドラッカーです。ドラッカーは77年に「平均寿命からすれば、65歳定年制は時代錯誤、元気な人たちをゴミ箱に捨てるようなものである」という主張を新聞に寄稿しています。

定年制がなければ、労働者側からすると、自分の意思でリタイア年齢を決められるメリットがあります。一方、企業にとっては高齢者ばかりになってしまうリスクがあり、不都合なようにも思えます。

ただ、アメリカの場合、年齢を理由に解雇できなくなっても、能力低下を理由に解雇することは可能なので、雇用側にとっても大きな負担にはならず、反対の声もさほど出なかったようです。雇用制度の歴史や風土が日本とは違うわけですね。

日本では80年代半ばにはまだリストラの例は少なく、終身雇用が一般的でしたので、定年廃止は議論の対象にもなりませんでした。


では、定年制度がないアメリカで、民間企業に勤める労働者はどのタイミングで会社をやめるのでしょうか。


最初のきっかけとなるのは59歳6か月です。これは401K（確定拠出年金）やIRA（個人退職口座）などの退職貯蓄から資金の引き出しが可能になる年齢です。次いでは62歳で、こちらは社会保障性の退職給付を受給できる年齢。しかし、この年齢で退職すると退職給付は満額もらえません。従って満額となる66～67歳（生まれた年によって異なる）でリタイアする人が多いようです。

このようにアメリカに限らず、リタイアを決めるタイミングは年金受給と深く関わっています。

「定年が70歳に引き上げられれば、年金の受け取りも70歳からになってしまうのでは？」

日本でも70歳定年制が話題になると、こんな不安の声が広がりました。人生100年時代と言われても、自分がそこまで生きられる保証はありませんし、誰もが元気なうちに年金をもらいたい、と思うのは当然でしょう。

それでなくても、懸念が叫ばれている「年金破綻」や「老後資金2000万円問題」、さらに追い打ちをかけるようにコロナ禍によって政府が多大な財政支出を行ったこともあって、年金財政に対する不安は一層高まっています。

もちろん、政府には国民の不安を解消できるようなしっかりとした対応、施策をお願いしたいものですが、70歳定年や70歳年金支給開始といったことが正式に議論の遡上に上がる日も近いかもしれません。

## 定年年齢と年金受給開始年齢は表裏一体？

前述した通り、アメリカなど定年がない国ではリタイア年齢を自分で決めます。

そのタイミングは、年金受給のタイミングと深くリンクしていますが、それは、定年制度がある国でも同様です。

早い話、年金受給開始が65歳なのに定年が60歳なら、5年間、年金がもらえない空白期間が生じてしまいます。65歳までの継続雇用制度がなかった時代の日本がまさにこれで、「空白の5年問題」などと言われていました。

ご存じの通り、日本は世界有数の超高齢化社会です。現在65歳以上の人口の割合は全人口の3割弱ですが、2065年には4割弱にまで増える見込みです。それに伴って労働人口、つまりは現役の働き手が減っていくのは必至ですから、年金の財源確保も大きな問題になっています。

そうした中、2020年5月に年金制度改正法が成立しました。これも緊急事態宣言の最中でしたから、ご存じない人がいるかもしれません。

この改正では、原則65歳、60歳から70歳までの間に選べる公的年金の受給開始年齢が、最大75歳まで延ばせるようになりました。受給開始を遅らせるほど毎月の受給額は増えます。

また高齢者や女性が多いパート労働者などが厚生年金に加入できるよう、加入要件である企業の従業員数の基準も「501人以上」から段階的に下げ「51人以上」まで緩める。これで新たに、65万人が加入する見通しのようです。

年金制度を破綻させないためには、支える人を増やし、年金受給年齢になっても働ける人がたくさんいるような環境をつくっていかなければならない。現状の年金制度の仕組みを根本から変えない限り、こう考えるのは必然でしょう。

しかし、定年延長は、人口減少に伴う働き手不足を補うことや、私たちの老後生活資金のキャッシュフローを改善することにもつながります。「定年延長＝年齢支給開始年齢引き上げ」と狭い視野で短絡的にとらえてしまい、悲観ばかりということになってはいかがなものでしょう。

## 「70歳定年？　冗談じゃない」の声

こうした流れに対し、当事者であるシニア社員層の意識はどうでしょうか。

健康寿命が延びたこともあって、仕事に生きがいを感じながら生涯現役で働きたい、という二ーズも高まってきているのも事実ですが、まだまだ後ろ向きの見方も多くあります。

高年齢者雇用安定法の改正を目前に控えた2020年3月「大下容子ワイド！スクランブル」（テレビ朝日系）という番組に、私がゲストとして呼ばれたときのことです。

「年金財政が破綻しているから長く働けというだけで、奴隷にされるような印象があって非常に不愉快です」

70歳定年に対する街頭インタビューで、このような中高年社員の声が紹介されました。テレビ的にはこういうエッジのきいたコメントは望むところでしょうし、私たちの調査でも、実際、そういう反感を抱く人は少なくありません。

しかし、年金財政維持のため、年金受給年齢や定年を引き上げざるをえないのは、為政者のせいとばかりは言えません。社会のあり方全体の問題とも言えます。

ともあれ、前述したように、もはや私たちが暮らす日本国の社会的な変化がもたらした、避けては通れない「結論」かもしれません。

だとしたら、その結論に対して一人ひとりができることは何か。

この変化をポジティブにとらえ、どうせそういう時代を生きていくのなら、自分自身の「定年後」を少しでも充実したものにすることではないかと、いち早く発想を変えることではないかと思うのです。

そういう意味で、今回の法改正では、70歳まで働き続けることを支援するために、雇用だけではない多様な働き方が想定されています。これからの時代は、これまでにない「定年後」という未来が拓ける可能性を秘めているのです。

## 人生100年時代は「エイジフリー社会」

最近の中高齢者向けの健康関連や保険、資産運用などのCMでは、決まって「人生100年時代の〜」が枕詞のように使われていますね。皆さんも「人生は100年」という認識が高まっているのではないでしょうか。

人生100年時代という言葉は2016年に発行された『LIFE SHIFT（ライフ・シフト）100年時代の人生戦略』（東洋経済新報社）という本で使われ始めた言葉です。

著者はロンドン・ビジネス・スクール教授のリンダ・グラットンとアンドリュー・スコット氏で、先進国では2007年生まれの2人に1人が100歳を超えて生きる「人生100年時代」が到来すると予測し、従来と異なる新しい人生設計の必要性を説いたのです。

2007年生まれの人が100歳になるのは2107年ですから、随分と先の話ではありますが、女性87・32歳、男性81・25歳（2018年）と、世界有数の長寿国である日本では、そこまで遠い話ではないかもしれません。

日本政府も「人生100年時代」にいち早く反応し、前著が出版された翌2017年には「人生100年時代構想会議」を設置しました。

目的は、人生100年時代を見据えた経済・社会システムを実現する政策のグランドデザインを検討すること。そして同会議では翌年、「人づくり革命　基本構想」をまとめています。

ネーミングからもわかる通り、構想の柱は人であり、教育です。2019年から始まった幼児教育、高等教育の無償化、給付型奨学金の拡充などもこの構想から生まれた施策で、若年層だけでなく、会社人以上に対してもリカレント教育、高齢者雇用の促進を掲げています。

そして、この構想が高年齢者雇用安定法改正への布石にもなっているわけです。

リカレント教育（学び直し）については後の章でも触れますが、一言でいえば、教育と就労を交互に行うことを推奨する教育システムです。

高年齢者雇用の促進では、「65歳以上の継続雇用年齢の引上げに向けた環境整備」として、70歳定年を視野に入れた提言が含まれています。

「65歳以上を一律に『高齢者』と見るのは、もはや現実的ではない。年齢による画一的な考え方を見直し、全ての世代の人々が希望に応じて意欲・能力を活かして活躍できるエイジフリー社会を目指す」

そして、そのためには、

「高齢者は健康面や意欲、能力などの面で個人差が存在するという高齢者雇用の多様性を踏まえ、一律の処遇でなく、成果を重視する評価・報酬体系を構築する」

これが今回の改正の大きなポイントにつながっています。

一般的には今回の改正は、現行の65歳が70歳に延長されるというイメージが強いようです。しかし、その中身をみると、そう単純ではないようです。

## 定年延長・継続雇用の現状

先にも少しふれましたが、65歳までの雇用確保を求めている改正前の「高年齢者雇用安定法」では、企業に対して次のことを求めています。

①65歳までの定年引上げ
②定年廃止
③希望者全員に適用する65歳までの継続雇用制度の導入（子会社・関連会社等を含む）

この3つのいずれかの手立てを導入し、社員が希望すれば65歳まで継続して雇用する義務を課しています。③の継続雇用は自社だけでなく、グループ会社（子会社・関連会社）での嘱託や契約社員なども認められています。

２０１９年6月に厚生労働省が公表したデータ（令和元年「高齢者の雇用状況」）によると、65歳まで雇用確保措置を実施している企業は99・8％（中小企業約16万社対象・以下同）で、そのうち①の65歳までの定年延長を採用している企業は17・２％、②の定年廃止は２・７％です。

定年を廃止している企業はまだわずかですが、深刻な人手不足が続いているなか、労働力確保のために、導入する企業も徐々に増えてくると思われます。その場合、多くは成果給を取り入れています。年齢に関係なく給与を定めることができるためです。

また、定年年齢を引上げる企業も増加傾向にあります。60歳から65歳の間で定年を選べる選択定年制度を導入するケースも多いようです。60歳を超えると賃金は減少しますが、自分で定年年齢を決められるため、従業員のモチベーションが保てるメリットがあるといわれています。

残りの約8割、大多数の企業が導入しているのが「継続雇用制度」。なかでも現在、最も浸透しているのは、いったん定年退職した従業員を再び雇用する「再雇用制度」です。

国の調査によると、継続雇用制度をとっている企業の91％が再雇用制度のみです（人事院・平成30年民間企業の勤務条件制度等調査結果の概要による）。

再雇用制度では、これまでと同じ仕事内容、そして勤務条件が継続されるとは限りません。むしろ再雇用後は雇用形態が変更となるケースが一般的で、多くは正社員以外の嘱託・契約社員・パートなどとして働いています。

## 改正法で就業機会の選択肢が生まれる

さて、こうした現状に改正を加えたのが、２０２１年４月から施行される「改正高年齢者雇用安定法」です。

先にもふれたように、大きなポイントは、①と③の適用が70歳まで延長することが求められていること。そして、次の選択肢が加わりました。

④の継続雇用制度の範囲を子会社・関連会社以外の他社にも拡大
⑤70歳まで継続的に業務委託契約を締結する制度の導入（フリーランスや起業への対応）
⑥70歳まで継続的に社会貢献活動に従事できる制度の導入

⑤は、元従業員との間で「フリーランス契約」を結んだり、独立起業した元従業員に業務を委託して対価を払う方策です。⑥は、会社が自ら実施する社会貢献事業、または会社が委託・出資・寄付等をした団体が実施する社会貢献事業に、元従業員が従事（有償で参加）できるようにする方策です。

なお、④と⑥で自社以外の会社や団体で就業を確保する場合には、自社と他の会社や団体との間で、高年齢者を引き続いて雇用したり、社会貢献事業に従事する機会を提供することを約する契約を締結することになっています。

このように改正法では、「雇用＝賃金」という従来のカタチにとらわれず、「業務委託＝委託料」という新しいカタチの関係を打ち出しています。

高年齢者の多様性を踏まえ、会社勤めの継続という一律のカタチではなく、「就労機会確保のために、多様な選択肢が設けられた」ことが、今回の改正の大きなポイントなのです。

## 「創業支援」とは？

今回の改正では高齢者の働き方として、従来の「継続雇用制度」の年齢延長に加え、「創業支援等措置」が新たに組み込まれました。

「ただし、労使で合意した上で、厚生労働省令で定める創業支援等措置を講じることにより70歳までの間の就業を確保する場合はこの限りでない」

改正法案の条文にはこう書かれています。

継続雇用が基本ではあるが、創業支援等をその代替措置とすることができるということです。

そして、創業支援等措置を次のように説明しています。

①フリーランスや起業に対し、業務委託契約を締結することによって就業を確保する
②社会貢献事業を営む事業主との委託契約等を締結することにより就業を確保する

この2点です。

簡単に言えば、継続雇用制度は、文字通り「雇用」ですが、創業支援等措置を講じる場合には雇用のカタチをとる必要はなく、「委託」でも就業確保にあたる、という解釈です。

企業側とすれば、65歳までの継続雇用制度がようやく定着してきたところに、さらに70歳まで雇用の義務が生じれば、会社全体の経営や事業体制にも大きく影響するケースも多いでしょう。

おそらくは政府もそうした事態を想定し、「働き方改革」の理念ともリンクさせる形で、こうした措置を設けたのではないかと思います。

コロナ禍で遅れていたと思われる、改正高年齢者雇用安定法に関係する改正省令や改正基本方針、および高年齢者就業確保措置の実施及び運用に関する指針が、20年10月末

に厚生労働省から公布されました。

それによると、創業支援措置を実施する場合には、計画を作成することなどの必要事項が定められています。計画の内容は、委託する業務内容、支払う金銭、業務量や頻度などから安全・衛生に関する配慮にいたるまで多岐にわたっています。公表された指針を見た限りでは、高年齢者のニーズや知識・経験・能力などを考慮しながら、70歳まで長続きできるようにとの配慮が感じられます。

労務コストを考えれば、雇用よりも業務委託の方が企業側の負担は少ないと想定されますが、業務委託を選択した高年齢者が、雇用継続を選択した高年齢者と比べてできるだけ不利にならないようにとの配慮もあると思われます。

## 現状は「継続雇用」希望派が多数

一方、中高年社員の側の意識はどうでしょう。

定年後研究所の調査では「65歳以降の理想の働き方は、現在の会社で働くこと」という回答が7割もいることがわかりました。

再雇用で給料が下がったとしても、現状のままがよいと考えているようです。

これを「やっぱり」と思うか、「意外だな」と思うかは分かれるでしょうが、多くの人は「やっぱり」と感じるようです。

現在、50歳以上のサラリーパーソンの大半は、入社時から「終身雇用、年功序列が当たり前」という雇用環境の中で会社人生を送ってきました。「同じ会社で60歳、あるいは65歳まで働いて、後は悠々自適、楽隠居」と、いった人生設計を漠然とながらも描いていた人が多いのでは。ですから今さら、勤めてきた会社を離れて起業するとか、フリーになって元の会社と委託契約を結んで仕事をする、といった将来を描け、と言われても……ということだと思います。

しかし、それは昭和の時代の「定年1・0」の延長線上にある考え方です。

平成の世を挟み、社会は大きく転換しています。長寿社会がここまで進んだ現在、60歳、65歳以上はもはや余生ではありません。その後、30年、40年と人生は続きます。

現在でも65歳、いや70歳を超えてなお現役で働き続けている方は少なからずいますが、そのような人たちがマジョリティーになる時代が求められているのです。

定年がすごろくの「上がり」ではないことを意識し、いかにその後の人生をいきいきと過ごすか――。

頭の切り替えが必要な時代です。「定年後」を自分自身で考え、備えなければならない時代なのです。

## フリーランス転身や起業のチャンスが膨らむ

今回の法改正は、個人にとって決してネガティブなものではないと私は思っています。むしろ、フリーランスや起業などによる定年後の就業の選択肢が増え、それまでのキャリアの延長線上をはみだして活躍できる場が広がる。これは絶好の機会だということです。

30年以上にわたって会社勤め一筋の人たちにとっては、起業やフリーランスという言葉は、非常に高い壁のように思われるかもしれません。しかし、それを支援する仕組みをつくろうというのが今回の改正の狙いです。

「フリーランスや起業に対し、業務委託契約を締結することによって就業を確保する」

前述したように創業支援等措置では、こう定められています。

つまり、企業は70歳までの継続雇用の代わりに、フリーランスや起業を業務委託という形で少なくとも70歳までは支援しなさいということ。全くゼロの状態から起業せよ、フリーで仕事せよ、ということではない。「5年間は支援するから」という猶予が与えられているとも考えられます。

65歳で起業したり、フリーランスになっても、5年間は元の事業主から仕事がもらえる。これが前提です。

たとえば、フリーランスのライターや作家になりたい、と思った場合、元の勤務先から社史や社内報の原稿、あるいは会議の議事録作成などの仕事の依頼が想定できます。

とりあえず5年間は何らかの仕事があるわけで、その間を70歳以降、独り立ちする助走期間としてとらえることもできます。

起業した場合でも、5年間は前の会社からなんらかのアシストを受けられるわけで、その間、取引先や販路の拡大などにも注力できます。

もちろん、フリーランスで仕事をしたり起業するには、もっと早い段階、50代から準備をしておいた方が成功への近道ですが、いずれにしても、5年間の猶予期間があることが背中を押してくれることでしょう。

会社で継続雇用契約をしてもらったとしても、基本、70歳で満了となります。しかし、その後にまだ数十年の定年後の人生が待っています。

その段階でもっと働きたいと思っても、機会を得られる人は少ないでしょう。今後定年がさらに伸びたとしても、その年齢に達すれば、雇用契約はジ・エンド。それならば、定年がないフリーランス、一国一城の主を目指した方が、生涯現役で働ける可能性は高くなります。

## 人生100年時代の歩き方

ところで、人生100年時代という言葉を定着させた『LIFE SHIFT（ライフ・シフト）100年時代の人生戦略』は、前述した通り、人生100年時代の新しい人生設計の必要性を説いた本です。

平均寿命80歳の人生では、ほとんどの人が「教育（20年）→仕事（40年）→老後（20年）」という3ステージを歩んでいます。しかし、100年時代を迎えると、そのまま移行はできません。たしかに寿命が20年延びて、後半の老後が40年になれば、お金の問題も含め、ステージのバランスは崩れてしまいます。

また、長寿だけでなく、健康寿命が延びる中、老いの概念も変わり、70代、80代まで働くことが当たり前になってきます。しかし、単に仕事のステージが延びるだけの人生も、味気ない気がします。

まさに、現在の日本の中高年齢層が置かれた立場と一緒です。

そこで著者は、画一的なキャリアにとらわれずに、生涯「変身」を続ける覚悟といいます。

そのために、各ステージを孤立させるのではなく、常に柔軟に行き来できるような人生設計をすすめています。いわば、一生勉強であり、仕事であり、余暇ライフ。これらをミックスしながら、１００年という時間を見据えた一生を過ごしていこうというのです。

日本人、とくに現在の中高年齢層の人たちは「新卒一斉入社→年功序列→終身雇用」という同じレールの上を走ってきました。その弊害も指摘されていますが、決められたコースを歩くのは自身で深く考えることなく、ゴールまでたどり着ける、安全な道でもあったわけです。

しかし、「定年70歳、人生１００年時代」を迎えたこれからの人生は、先人がたどった轍《わだち》のない道です。

自ら進路を決め、自走する人生です。

その道がいばらの道になるか、充実したバラ色の道になるかは、50代からの準備、意識の持ち方が大切になるのです。

# 2章

# 定年3・0
## ——50歳からの意識改革

## 令和は「定年3・0」時代——定年は切れ目ではなく節目

私が現在所長を務めている「定年後研究所」は2018年2月に設立されました。思い起こせば、昭和時代の定年後はすなわち「老後」であり、まさに余生でした。55歳定年が一般的だった1950年の平均寿命を見ると、男性58歳、女性61・5歳。乱暴な言い方ですが、男性は退職して3年後には亡くなる計算になります。となれば、定年＝ゴールであり、大過なくこのゴールのテープを切ることが人生の目標。そういう時代だったのです。

そうした時代は、定年退職したら毎日が日曜日というわけですから、多くの人は時間を持て余し、とくに現役時代にバリバリ働いていた人ほど、引退後に急に老け込んだりするなど落差が大きかった気がします。

いわゆる、燃え尽き症候群です。定年＝人生の終着駅ですから、「定年後の人生、いかに生くべきか」という発想自体があまりなかったのではないでしょうか。

その後、日本人の平均寿命はどんどん延びて、平成の世に変わる頃には男性75・92歳、女性81・90歳にまでなりました。当時は「60歳定年」が定着してきたかなという頃ですが、定年後の人生は男性で15年、女性にいたっては20年を超えたのです。

もちろん、寿命が延びること自体は喜ばしいことです。ですが、定年後を「余生」と捉えていた時代の人々にとっては、少々長すぎました。

「定年後の人生をどう過ごすか?」

平成は、それまで向き合ったことのないこのテーマに、人々が向き合い始めた時代です。前例のない、不安な時代の入口でもありました。

そして平成のおよそ30年が終わり、令和の時代の平均寿命は男性81・25歳、女性87・32歳(平成30年)と、男女ともに5歳以上も伸び、人生100年時代が現実のものとなりつつあります。

この間、定年も65歳が義務付けられるようになりました。また一方では、老後資金の大きな柱となる年金は支給年齢開始の繰り下げ、あるいは消えた年金問題(平成19年)、さらに令和に入って金融庁から「老後資金に2000万円が必要」という報告があり、年金への不信や不安が募りました。平成の時代は老後への不安は解消されるどころか、増大する一方です。

こうした「不安の時代」の定年後を豊かに生きるためにはどうしたらよいか――。定年後研究所はその道筋を提案するシンクタンクとして誕生しました。

定年後研究所では定年後は「老後であり、余生」だった昭和時代を「定年1・0」、平成以降の長寿化に伴う老後の長期化、老後資金などの心配など「不安な時代」を「定年2・0」と位置付けました。

そして定年70歳時代を迎える令和の新しい定年の概念を「定年3・0」とし、誰でも、どこでも、さまざまな形態で、能力や経験を複合的に提供することで「自分自身の新しい価値を活かすことができる時代です。

いまや定年は人生の切れ目ではなく、一つの節目にすぎません。その節目を迎えるにあたっては、早期からの準備が必要です。

## 70歳定年、歓迎は約4割

それでは現役のサラリーパーソン諸氏は70歳定年延長・雇用延長をどう感じているのでしょうか？

定年後研究所では新しい定年の概念「定年3.0」の現状や理想の在り方を探るべく、調査・研究活動を行っています。その一環として行った70歳定年・雇用延長に対するアンケート調査では「歓迎する」が約4割、「歓迎できない」「とまどい、困惑を感じる」が約6割で、否定的な意見の方が上回りました。

これはちょっと意外でした。人生100年時代、長く働ける環境が確保されること自体は、もっと歓迎されると想定していたからです。

このアンケートは定年制度がある企業に勤務している40・50代、定年制度のある企業に勤務し、60歳以降も働いている60歳代前半の男女が対象です。

歓迎の理由は、次のようになっています。

「収入期間が延びるから」（82・7％）

「社会とのつながりがもてるから」（38・2％）
「年齢にかかわらず活躍できる社会になるような気がするから」（36・8％）
「60歳、65歳以降も自分の所属するところがあり、安心できるから」（36・4％）

老後資金2000万円問題もあり、やはりダントツで収入が確保できることが歓迎の理由です。

逆に「とまどい・困惑を感じる」「歓迎できない」人たちの理由はどうでしょうか。

「収入期間が延びるのはいいが、その分長く仕事をしなければならないから」（65・5％）
「好きな仕事ができるわけではない」（34・0％）
「ゆっくりとした自由時間が過ごせなくなるから」（31・5％）
「一生働くことになりそうだから」（38・4％）

こうした意見が目立ちます。

前述したようにこのアンケートは40代から60代前半の人を対象にしていますが、年代別にみると、年齢が上がるほど歓迎派が増え（60代前半では約半数）、若い世代は否定的なようです。とくに40代男性ではほぼ3人に1人（34％・0）は望んでいません。

たしかに早めにリタイアし、自分の時間を自由に使える生活は誰もがうらやむことでしょう。しかし、実際にはタイムリミットが迫ってくると、老後資金の不安から働かざるを得ない……というのが実態のようです。

政府は「一億総活躍」「生涯現役」への環境づくりを進めているわけですが、多くの国民はポジティブには捉えてないように思えます。

## 70歳まで働くことに不安を感じる人は96％超

「65歳を過ぎてまでも働きたくない」というのが、今のところ、多くのサラリーマンの偽らざる気持ちであるようです。

では、それでも働く場合、どのような働き方が理想か、という設問に対しては、半数近い45・7％の人が「今の会社で働く」と回答しています。とくに70歳定年・雇用延長を歓迎すると答えた人たちに限れば約7割が「今の会社」としています。

その他では「違う会社で働く」18・6％、「起業など組織に頼らず働く」4・5％となっています。

このようになるのは、おそらく「働く期間が5年先延ばしになるだけ。だから、今さら職場を変えたくない」ということでしょう。

1章でも書いた通り、今回の70歳までの就業機会確保のための法改正の大きな特色は70歳までの就業機会の確保に新たに、①グループ企業以外への再就職の実現　②フリーランスや起業支援　③社会貢献活動への従事という3つの措置が加わったことです。

そこには、日本人の働き方を、従来の終身雇用型から多様な働き方へと転換する、という政府の方針があるわけですが、今のところ、「一つの会社で勤め上げる」という従来の考え方は根強く、当のシニア社員層の意識とは乖離していると言わざるをえません。

その一方で、そもそも70歳まで働くことに関して「不安を感じる」という人が96・1％にも達しました。不安要素として大きいものは次のようになっています。

「体力が続かない」（63・0％）
「50代のときと同じようなパフォーマンスを発揮できるかわからない」（46・9％）
「働く意欲が持てるかどうかわからない」（44・2％）

いわば、自分自身の「体力・能力・意欲」に対する不安です。

この不安要素が70歳定年・雇用延長に対して、「とまどい・困惑を感じる」「歓迎できない」人たちの本質的な理由なのかもしれません。

政府が描くのは、「人生100年時代を迎えて、元気で意欲ある高齢者の方々にその経験や知恵を社会で発揮していただく」（首相官邸HP）ということですが、65歳を過ぎて「元気で意欲ある高齢者」でいられる自信がないということなのでしょう。

それはもちろんわかります。中高年サラリーパーソンの皆さんは、これまで60歳、あるいは65歳を迎えてリタイアしていくのが当たり前な社会をずっと見てきた。65歳を超えて元気に働く人が当たり前にいる社会を見たことも経験したこともないのですから。

つまり、そもそも今回の改正は単なる現状維持の延長線にあるものではない。シニア層がより自身の能力を発揮でき、生き生きと働くことができる日本社会をこれから創っていきたい。そのための支援策なのです。

今後、労働者側ももちろんですが、企業側もこの支援策にどう対峙し、労使で取り組む「令和時代の人事政策」が重要になってくるでしょう。

定年後研究所では、この多様性のある選択肢を実効性のあるものにするための鍵は、労使ともに50代からの準備だと考えています。そのための具体策を企業と従業員に提供していくことが使命と感じているのです。

## 「定年後が楽しみ」は44％

そもそも、定年退職を意識しはじめる40、50代の人たちは「定年後」についてどのようなイメージを持っているのでしょうか。定年後のビジョンが65歳からの就業に関しても大きな影響を与えるはずです。

定年後研究所が40～50代のサラリーパーソンを中心に、定年後の暮らしについてアンケートをとったところ、次のような結果が出ました。

・楽しみ――44％
・楽しみではない――12％
・どちらともいえない――44％

楽しみにしている人のほうが多いのですが、意外と少ない印象です。

回答を精査すると、「楽しみ」にしているのは、老後にやりたいことがある人に多いことが浮かび上がりました。定年後にやりたいことがあるから、楽しみなのです。

逆に、「楽しみではない」というのは、やりたいことがなかったり、具体的なイメージを持っていない人に多いようです。

現役時代は仕事に没頭し、老後のことは考えない、あるいは定年後に考えればいい、と考える人もいるでしょう。しかし、会社人生に匹敵するような長さの定年後が待っているかもしれない今となっては、定年後の人生についてあらかじめ考え、準備しておくことは大切です。

といっても戸惑いがあるのは当然でしょう。これまでどの世代も経験したことがない定年後の人生に対し、どういうビジョンを描けばいいのか、お手本となるものがないからです。

## レールがないなら自分で敷く——それが「自走人生」

「定年後の人生のロールモデルがない」

実際、定年後研究所のアンケートでも、このように答えた50代が実に7割近くもいることがわかりました。

仕事、家族、お金、健康……。50年生きてきたからこそわかる、人生のモヤモヤを抱えながら、さらに40年に及ぶかもしれない人生が待っているのです。

考えてみれば、定年を迎えるまでの人生には、常に「頼れる存在」があります。生まれてから社会人になるまでは両親や家族であり、社会人になってからは会社です。

今でこそ終身雇用、年功序列といった日本独自のシステムは崩壊しつつありますが、現在50代の人たちの多くはそうしたシステムの中で、「会社」という大樹に寄りかかってきました。

しかし、定年後の人生に「頼れる存在」はいません。もちろん、伴侶や子供も頼りにはなることもあるでしょうが、最終的には自分。自分自身の力で切り拓いていく人生が必要となります。

定年後研究所では、こうした自分で新たなレールを敷きながら、自力で進んでいく様をこう名付けました。

自走人生——。

ただし、誰かに導かれるのではなく、自分自身の足で走っていく「自走人生」を実践するには、そのための助走期間が必要です。後ろ盾があったこれまでの人生とは違います。いきなり走り始めては、転んでケガをしてしまうリスクも高いのです。

50代で一度立ち止まり、これまでの来し方を振り返るとともに、定年後のライフデザインをじっくり描くことで、定年後の人生にポジティブに向き合えるのです。

## 「定年後川柳」に垣間見る楽しみと不安

### 人生の　二幕目だけは　しばられず（50代・正義さん）

定年後研究所の交流サイトで「定年（後）川柳」というものを募集してみたことがあります。

予想を超える2000句以上の応募をいただきましたが、50代を中心に定年を意識する世代の人たちの定年後という将来に対する不安、不満、戸惑いなどを感じ取れる内容の力作ばかりでした。

先に挙げた句は優秀10句に選ばれた作品の一つです。このコンテストで監修を務めていただいた尾藤一泉先生（16代目櫻木庵川柳）からは、

「第二幕を縛られないというのは、いかに現役時代に『縛られていた』か、という裏返

し。定年に向かっての作者の気分が明確に反映されている」

という寸評をいただきました。

「定年後は自由な発想で時間を使える。束縛されることもなく、しがらみもなく生活できる。自分の意思に従い、思いついたことをどんどん実行したい。定年後こそ、本当の自分の人生が始まるのだ」

という意見もいただきました。

定年は「会社からの解放」「しがらみからの解放」であり、ようやく自分の好きなように生きられる、というわけです。

定年後研究所でも令和という時代の定年後の在り方を示す「定年3・0」を「何も縛られない、明るく闊達で、自由な人生のスタートライン」と定義しています。

その一方で、こんな句もありました。

**今日過ごす　予定を立てる　定年後**（50代・幸四郎さん）

「実在主義哲学ではないが、『自由なるゆえに呪われている』時間。自ら決められる自由は、また自らが選ばねばならない不自由の背中合わせ。人生の本質を描き出す」

尾藤先生はこう評しています。

会社員時代は毎日朝から満員電車に揺られて出勤、自分の時間は帰宅後のわずかな時間、仕事によっては残業や接待の連続で、家には寝るために帰るだけ……。繁忙期は休日出勤もいたしかたなく、日々の予定はほぼすべて仕事に支配されます。

それが定年退職すると一転、「会社に出る」必要もない、「仕事をする」必要もない……となれば、当然時間を持て余し、一日でもっとも時間を費やすのはテレビや新聞ということになりがちです。

現役とリタイア後のギャップは想像以上に大きいのです。

せっかく手に入れた自由な時間は、持て余すばかりになってしまいます。

平成と　ともに歩んだ　道終える（50代・かめさん）

サラリーマンとして脂の乗った30代から40、50代と平成の時代とともに駆け抜けてきたのが現在50代。バブル崩壊、リーマンショック、デフレ不況などを経験し、サラリーマン人生は決して平坦な道のりではなかったでしょう。それがようやく終わる安堵感がひしひしと伝わってきます。

しかし、あえて言わせていただければ、会社人生は道終えても、かめさんの第二の人生はこれから始まるのです。

## 川柳から見えてくる定年後の夫婦関係

寄せられた川柳からもう一句。

**いまよりも　尻に敷かれる　定年後**（50代・ちりめんじゃこさん）

「かなり確実な予測。〝今よりも〟という言葉で現状がくっきり。亭主はつらいよ」尾藤先生の寸評です。

寄せられた2000句あまりの川柳のうち、「家庭内の環境変化」を詠んだ句がかなり目立ちました。定年後は会社から家庭へと居場所が変わり、配偶者と毎日顔を合わせる時間が圧倒的に増えるわけですから、川柳のネタにもなりやすいのも当然でしょう。

**粗大ゴミと　言われぬように　家事をシェア**（キング・コングゥ〜さん）

**奥さんの　後を追っかけ　右往左往**（よっしさん）

どうやら、たとえ会社では大勢の部下を号令一声の下に動かしてきた人でも、家庭では肩身が狭いようで……。

家庭は妻のホームタウン、夫はあくまでもビジターです。まるで、居候にでもなったような居心地の悪さが伝わってきます。

なんだか、三度の食事を作ってもらう代わりに家事労働の分担で返すような心情でしょうか。「粗大ゴミ」は家にいてすることもなく退屈し、存在を主張して居間を占拠して居座る夫を揶揄する言葉です。

よっしさんの句は、定年退職後しばらくの間、何をしていいかわからない状態だった父親の姿をみて、詠んだ句だそうです。

ちなみに、退職後、独りになるのがイヤで、妻の行く先々にベッタリとひっついてくる人を「濡れ落ち葉」と言い、流行語にもなったのは1980年代のことですから、その頃から「定年後の男の居場所問題」というのは、かなり前から発生していたのですね。

最近では、定年退職を迎える世代もパソコンなどのスキルは十分ありますから、退職後、家にこもってパソコンの前にずっと座っている様子を「お地蔵さん」と呼ぶのだとか。

もっとも、旦那さんたちも居心地が悪いでしょうが、迎え入れる妻の側も同様です。長年守ってきた「自分の城」に土足で上がり込まれるような気分になっても不思議はありません。「定年、定年とはしゃいでいるけど、誰のおかげで、無事勤め上げられたと思うの？」といった心の声が聞こえてきそうです。

### ゴミ捨ては　定年ないと　妻叫び（たろたろさん）
### 主婦業に　定年のない　不公平（ひまわりさん）

たしかに主婦業には定年はありませんよね。休日もありません。子育ても終わり、ようやく自分の趣味などが楽しめるようになったと思ったら、子ども以上に（?）手のかかる旦那が家でゴロゴロ……。

当たり前のことですが、定年後の生活設計は決して自分本位にならず、配偶者や家族のことも忘れてはいけませんよね。

## 「自分の居場所」は意外と身近に

定年後の自分の居場所に関して、定年後研究所が60代の男性を対象に実施したアンケート調査があります。

「あなたが最も心地よいと感じるのは、どんなときですか」

という問いに対して、最も票を集めたのは「配偶者といるとき」の33・2%。そして僅差で続くのが「一人でいるとき」（31・8%）でした。

前節で紹介した川柳からは、定年後の微妙な夫婦関係がうかがわれましたが、3人に一人は「夫婦水入らず」を選んでいます。配偶者と過ごす時間も最も長いわけですから、一番、幸せな形といえるかもしれません。

ただ、私が気になるのは「一人でいるとき」と合わせると、3人に2人が家にいるのが一番心地よい時間、ということになります。いわば、引きこもり状態が最も落ち着く、というわけです。

もちろん「家にいるのが一番幸せ」というのが悪いわけではありません。しかし、家に閉じこもりがちなシニアは徐々に心身が衰え、認知症のリスクが高まることが報告されています。

「家にいる」というのは他人に気を遣ったり、体を動かしたりがとても少ない状態。こうなると「老化」が加速するということです。

たしかに昭和や平成の前半期に比べると、今はアクティブなシニア層が増えたイメージはあります。しかし、家以外の居場所がある人でも、本当にその場が楽しくて心地よい場所になっているかどうかは疑問です。

先の心地よいときの調査でも、「趣味のサークルにいるとき」（8・0％）、「ボランティアをしているとき」（2・0％）、「仕事をしているとき」（1・4％）、「町内会など地域活動をしているとき」（0・8％）と、合わせても12％程度です。

定年後は好きな趣味を見つけて……と思う人は多いようですが、会社一筋だった人が、退職後に趣味を見つけることは、意外と難しいようです。

リタイアされた先輩方から聞いた話では、いわゆる「お稽古事」を習いに行っても、素直に「教えてください」と言えない人が多かったり、うまくできなかったゆえにプライドが傷つき、やめてしまうケースも多いそうです。やはり、現役時代から何かしら趣味を持っていた方がよいということでしょう。

もっとも、定年後、何か新しい趣味を見つけなくては、と焦る必要もないと私は考えています。というのも、居心地のよい場所というのは、何も趣味には限らないからです。

趣味と名の付くものではなくても「自分のできることを生かせる道」が見つかればいいのです。たとえ無趣味を自任する人でも40年以上にわたって培ってきたもの、つまり、仕事のスキルだって活用できます。

たとえば地域のボランティア活動で、イベントを実施する場合、企画からメンバー選出や担当決め、必要なものの準備、実施、後処理……。まさに現役時代に取り組んできたプロジェクトの流れと一緒です。

そこでリーダーシップをとって、スムーズにイベントを成功させることができれば、地域の人たちからリスペクトを集めることもできるでしょう。また地域に貢献できるという大きなやりがいや充実感も生まれることでしょう。

人は自分のために何かするよりも人のために役立つことに、より大きな喜びを感じると言いますから、そこはあなたにとって、きっと居心地がよい場所になるはずです。

元教師の人ならば、学校の補助教員などといった道もあるでしょう。

私も現在の仕事を通じて、自分のスキルを活かして、第2の人生をエンジョイしているシニアの人たちに大勢、出会いました。皆さん、生き生きと輝いています。

夫婦水入らず、独りの時間もかけがえのない、大切な時間です。しかし、自分をより輝かせ、新たな生きがいややりがいを見つけるためには、外の世界に触れることも大事です。そして、その場所は案外、近くにあるものです。

## シニア社員の活用――政府と企業に感じる温度差

2021年4月に施行される改正高年齢者雇用安定法では、事業主に対しては70歳までの就労機会確保を「努力規定」として求めています。

しかし、政府では現行65歳となっている年金支給開始年齢の引き上げは行わず、支給開始年齢の自主選択制度（いわゆる繰り上げ・繰り下げ受給）の選択年齢拡大・在職老齢年金制度の見直しなどで対応しています。

つまり、社会保障制度の面からも就労を阻害するあらゆる壁を撤廃し、働く意欲を削がない仕組みを目指していますから、政府が本腰を入れて70歳定年・雇用延長を定着させようとしているのは明らかです。

こうした国の方針に対して企業（事業主）は、どのような対応をとっているのでしょうか。

定年後研究所の「シニア社員活性化の状況に関する調査（従業員個人対象）」（2018年）では、「あなたが所属する会社（団体）では、中高年社員や組織を活性化するための取り組みや制度はありますか？」という問いに対して「ある」という企業はわずか2・7％でした。（「ない」61％、「わからない」36・3％）。従業員にはほとんど浸透していないようです。

また、モチベーションアップ、創造性開発、自己発見、自己啓発等にも資する研修の実施状況については「実施している」48・1％と半数近くに達しました。しかし、その研修を「50歳以上の社員を対象に実施している」という企業はわずか6％でした。

なかには「年齢や性別、属性に関わらず平等に研修機会が提供されている」という企業も多くありましたが、明確に「シニア社員のため」という企業は少ないのが実態です。ちなみに「男性の新人・若手・幹部候補社員を対象に実施している」は42・8％。どちらを重視しているかは歴然です。

「意欲・能力のあるシニアには、まだまだ社会の中で活躍してほしい」という思いは、国と企業の間で温度差を感じざるをえません。

今回の政府の方針が打ち出された時に企業の人事部門担当者の約7割が「まったく評価していない」、あるいは「どちらかといえば評価しない」と回答したという民間調査結果もあります。

50代以上のシニア社員を「企業と二人三脚で支援する」――。これが定年後研究所の理念の一つですが、こうした実情にふれると、私たちが果たす役割の重要性を改めて感じます。

## シニア対策に頭を悩ます現場の声

現段階では努力目標とはいえ、近い将来、70歳定年・雇用延長制度は確実に定着していくことが予想されます。

企業側の対応は後手に回っているようですが、なにしろ前例がないだけに、今はまだ手探りの段階といったところでしょう。

実際、日本ＣＨＯ協会（東京都千代田区・南部靖之代表）が実施した「シニア人材の活用に関するアンケート」（２０１８年・回答１４９社）によると、「シニア社員の活用・活性化の課題認識」では、約８割の企業が優先順位の高い人事課題と認識し、そのうち６割が「積極的に取り組んでいる」と回答しています。

しかし、具体的に取り組んでいる対策は「ライフプランやキャリアプランの研修」「上司や人事担当者との面談」といった従来型が中心で、いま一つ踏み込んだ取り組みは少ないようです。

なぜ、対応が進まないのでしょうか。

「個人差が大きく、個々の社員により全く異なるため、なんとも言えない」

人事担当者の声を拾っていくと、こんな回答が半数を上回っています。

すなわち技術職・研究職などの専門性を有したシニア社員については、モチベーションを高く持って働いていれば、評価することは可能だが、その他の社員に対しては評価の基準が難しい、といった壁があるようです。

さらに、定年後の継続雇用期間において管理職などの役職が外れるため、権限や責任が伴わなくなり、「それまでと異なる仕事をさせるのが難しい」（74社）という問題もあるようです。

こうした回答から、現状では打開策がみつからず、結果として、「シニア社員のモチベーション低下」（60社）、「仕事や処遇への不満」（53社）といった課題——いわゆる「50代シンドローム」が生じてしまうのが実情のようです。

65歳までの雇用継続でもこうした状況が生まれ、打開策が見いだせない状況で、さらに70歳までの雇用延長が始まります。

これでは雇用側もそうですが、50歳以上の現役のサラリーマンにとっても、不安は募るばかりではないでしょうか。

## 「50代再生プログラム」——50歳を再スタートの起点に

サラリーマンが第二の人生に向けて再スタートを切るとしたら、多くの人にとってそのタイミングは50代に入った頃からということになるでしょう。

しかし、その50代で「50代シンドローム」に陥り、モチベーションが上がらない、将来を見通せない……といった状態になってしまっては、その後、数十年と続く人生にも暗い影を落としてしまうことでしょう。

そうならないように、会社側の取り組み、さらにはシニアの活躍を後押ししている政府の支援策にも大いに期待したいところではありますが、やはり、最後は「本人の問題」です。

第二の人生を見据えて新たな道を切り拓いていくのは自分自身、会社はあくまでも自分をサポートしてくれる存在。それが「自走人生」の基本的な考え方です。

ポストコロナ時代でも生き残れるシニア社員になるためには、「キャリアの棚卸し」を実行することが求められます。「棚卸し」によって、経験の中に隠れているスキル・知識・ノウハウなどの「価値」を発見することができるからです。

しかし、この「棚卸し」という作業は、なかなか骨の折れる作業であり、自ら発案し実行できている人は少ないと思われます。多くの場合は、勤務先の社員研修で「ライフプラン研修」などを受講する機会に経験する作業なのです。

定年後研究所では、もっと気軽に、もっと自主的に、自分自身の価値発見への「旅立ち」ができないものだろうかと考えました。経験豊かなシニア社員が、その経験を土台にして、新たな自分の「居場所」を見つけたり、これからの活躍を目指した「思考と気づき」を得るためには、どうしたらいいのだろうかと。

このような課題に対処するために開発されたのが、シニア社員のためのセルフ・ラーニングシステム「キャリア羅針盤」です。企業の社員研修の開発・販売を30年近く手がけてきた星和ビジネスリンク社（東京都港区・近浩二社長）と共同開発しました。いわゆる「eラーニング方式」による「人生設計」補助ツール、いわば「50代再生プログラム」だと考えていただければいいと思います。

その最大の特色はeラーニング形式の研修です。このeラーニング、単に講師が映像を通じて一方的に教えたりする従来の教育・記憶型のシステムではなく、プログラムに沿って自分が自分に問いかけるスタイルによって、ラーニングが進行していきます。

これによって自己を分析し、自身の傾向を把握する。そして、「自分はこういう特徴を持った人間なんだ」という自分自身への気づきを得る。そのことで、さらに能力再開発へと導くという自立型能力開発プログラム。言ってみれば、「キャリア羅針盤」における講師は他人ではなく、「自らの経験と思考」なのです。

50代会社員は総じて、これまで培ってきたキャリアに基づく自負、プライドを少なからずお持ちでしょう。しかし、ときにはその自負が頑なさにつながり、素直な気づきや思考の邪魔をします。

従来の集合型の研修スタイルでは、自身の能力や適性の棚卸などを矢継ぎ早に詰め込まれ、結局、何か学んだような気がしたとしても、どこか「腑に落ちない」ままの状態で研修が終わってしまうことが多かったように思います。

結局、新たな行動につながるような気づきが得られない。こうなると、受講後はまた不安になり、それを打ち消すために「なんとかなる。これまでもそうだったんだから」とか「まあ、定年はまだまだ先だから……」などと自分に言い聞かせる……従来の集合型のキャリア研修に参加した方なら、そんな経験をされた方も多いと思います。

その点、自分で自分に問いかけ、自分と向き合い、自分で答えを得るという自立型の「キャリア羅針盤」は「腑に落ちる」、すなわち納得感のある研修となる可能性が高いと自負しています。

## 〈参考〉セルフラーニングで新しい気づきを──「キャリア羅針盤」の概要

人生100年時代では、その中間点に位置するシニア社員層。仕事のためだけではなく、プライベートな生活にとっても、いまこのタイミングで身につけておきたいことや今後の人生を前向きに充実させるためのヒントをご提供したいと考えています。

そのために、「キャリア羅針盤」のコンテンツは、「人生のプランニング」と「仕事との両立」をテーマにしたコンテンツから構成されています。一つひとつのラーニング・コンテンツは、テーマごとに第一線で活躍する専門家の監修により作成しています。

「キャリア羅針盤」は、現在、一部企業の人事部を通じて試験実施をしていただいている段階です。これは、実用段階になった際には、まずは企業単位で採用していただくことにしているためです。
コロナ禍で、対面形式の集合研修ができにくくなり、オンライン授業やeラーニング方式が注目を浴びていることが、「キャリア羅針盤」に対する企業の関心を高めています。

2つのカテゴリーからなる「キャリア羅針盤」は、さらにそれぞれが4つのコンテンツで構成されています。

一つ目の「人生のプランニング」の分野のコンセプトは、「もう、今さら新しいことに挑戦しても」、「もう、若いころのパフォーマンスは越えられない」、「もう、そんなに期待されていない」という、シニア社員が陥りがちな「もう症候群」を排除して、人生100年時代の定年後を、より素晴らしい「自走人生」とするために、果敢に「攻める」ラーニングです。〝攻める〟コンテンツは次の4つ。

**【ライフ・キャリアプラン】** 中高年社員自身が、経験によって築いてきたものを土台にして、自分と向き合うことで、今後の職業人生を充実させるためには何が必要かを考えてみる。自分の能力や強み、価値観などの「再発見」を通じて、未来に向けた目標を明らかにする。

**【ビッグファイブ】**人の性格（パーソナリティ）の特徴を表している5つの因子（開放性、外向性、真面目さ、協調性、精神安定性）のアセスメントをすることで、自己認識できていなかった因子に着目し、その因子を今後の強みにするための「思考」や「行動」を模索する。

**【エイトコンテンツ】**中高年社員が活躍するのに必要な8つの言葉（コミュニケーション、アンコンシャスバイアス、ハラスメント、ダイバーシティ、顧客理解、営業スタイル、能力開発、キャリア形成）。これらを「単に知っている」から「理解し実行できる」レベルにまで高めることを目指す。

**【マネープラン】** ライフプランの〝両輪〟といわれる「キャリアプラン」と「マネープラン」。「何歳まで働くのか」「どのような形態で働くのか」といったキャリアイメージにもとづいたマネープランの立て方を実践する。

ただ、中高年になると、親が「要介護世代」になったり、仕事や生活の〝妨げ〟になる場面に直面することも多いものです。こうした周囲の状況変化が〝攻めるラーニング〟を阻害することも考えられます。

ですので「キャリア羅針盤」では、このような中高年特有の「問題」に対処するため、「仕事との両立」という守りのラーニングもメニューに揃えています。〝守る〟ためのコンテンツは次の4つ。

**【幸せな介護】** 突然、親の介護が必要になったら……。介護による経済的・身体的・精神的な負担を軽減させ、「介護離職」という最悪の事態を招かないようにするには、「事前の準備」が大切だ。介護という〝負担〟を、逆に〝ＱＯＬ（人生の質）〟を高める経験に「転化」させることを目的とした学びだ。

**【職場に必要ながん教育】**全国の学校で行われている「がん教育」は、世界トップクラスといわれている。むしろ大人たちが「がん教育」から取り残されているのが実態だ。だから、いまだに「がんが見つかるのが怖いから検診も受けない」という残念な話も聞かれる。がんについて大人が知っておくべきことを短時間で学ぶ。

**【仕事に活かすマインドフルネス】**世界中のグローバル企業、経営者、トップアスリートのあいだで取り入れられている「マインドフルネス」。目の前のことに集中して、落ち着いた心の状態のことをいう。仕事、健康、私生活で「うつの原因」となるストレスを多く抱える中高年社員が、ストレスとうまく付き合い、コントロールできるようにするための実践的方法を学ぶ。

**【まだ間に合う！　脳のトレーニング】**年を経るごとに記憶力や瞬時の判断力の低下を

痛感している中高年が多い。「脳の機能は中高年になっても鍛えられる」という事実を意識せずに、脳を鍛え続けることをやめてしまったら、脳の衰えが加速してしまう。仕事や生活の中で、脳を鍛える習慣づけを学ぶことによって、注意力や判断力・記憶力、集中力などを向上させ、仕事や生活のパフォーマンスを上げるためのラーニングだ。

「キャリア羅針盤」は、当面の間は企業を通じて提供する予定ですが、とりわけ「守り」のラーニングメニューについては、シニア社員個人が「自学自習」する場合でも、欠落しがちな項目でもあるため参考にしていただきたいと思います。

## 仕事との両立

クオリティ・オブ・ライフ
を高める

### 「幸せな介護」

- 家族介護と向き合うためのマインド形成
- 支援策を有効利用するための安心対策
- いまから始まる家族のための心構え

大人だけが知らない
「がん」を知る

### 「いま職場に必要ながん教育」

- がんを知る
- がんに備える
- リテラシーチェック

手軽にできる
パフォーマンスアップ

### 「仕事に活かす マインドフルネス」

- マインドフルネスとは
- ストレスとマインドフルネス
- 実践、マインドフルネス

手軽にできる
パフォーマンスアップ

### 「まだ間に合う! 脳のトレーニング」

- 脳の機能
- 脳に良い生活習慣
- 脳を鍛えてデキる脳へ

「キャリア羅針盤」についての詳細 → https://rashinban.seiwabl.co.jp/

## キャリア羅針盤の概要

人生をプランニングする

70歳までの
職業人生を描く
### 「ライフ・キャリアプラン」

- 社会環境の変化を認識する
- これまでの人生を振り返る
- 自己理解を深める
- ライフ・キャリアプランを立てる

性格という
能力を開発する
### 「ビッグファイブ」

- ビッグファイブ診断
- 開放性ラーニング
- 外向性ラーニング
- 真面目さラーニング
- 協調性ラーニング
- 精神安定性ラーニング

思考を
ブラッシュアップさせる
### 「８コンテンツ」

- コミュニケーション
- アンコンシャス・バイアス
- ハラスメント
- ダイバーシティ
- 顧客理解
- 営業スタイル
- 能力開発
- キャリア形成

人生設計に
色彩を加える
### 「マネープラン」

- ライフプランとは
- 現状を知る
- セカンドライフの収入
- セカンドライフの生活費
- ライフプランを立てる

# 3章

# 「自分を知る」

## ——自走人生の準備はここから始まる

## 「50代シンドローム」をどう乗り越えるか

「人生100年時代」が近づいていることを前提とするなら、50代はまさに折り返し地点です。

作家の五木寛之さんは、人生を登山になぞらえ、「50歳までは山頂を目指す人生、そして50歳からは下山する人生」と説いています。

頂上を目指しひたすら登っていく50歳までの人生は、目の前に延びる山道や、立ちはだかる山肌しか見えませんが、50歳からの人生の下山道では、眼下に広がる壮大な景色を楽しみながら歩いていく醍醐味がある、というわけです。

たしかにその通りですね。50年を超える人生で酸いも甘いも様々な経験を積んだからこそ見える景色があるはずです。しかし、昨今の厳しい時代を生きる現代の会社員の多くは、50歳を過ぎても壮大な景色を眺める余裕がないのが現実ではないでしょうか。

現在の50代会社員には、「役職定年」や「出向」「希望のセクションからの異動」、あるいは早期のリストラなど、ネガティブな要素が待ち構えています。

50代会社員が入社した当時（バブル期前後）は、真面目にさえ働いていれば、給料もポストも右肩上がりが約束された年功序列、終身雇用の社会でした。それがバブル崩壊後の「失われた20年」とも呼ばれる日本経済の低迷、デフレ不況によって、そうした従来型を維持できる体力が多くの会社から失われていきました。

さらにはリストラや実質賃金の低下といった言葉が目新しいものではなくなるにつれ、当たり前だと思っていたものがどんどん崩壊していきました。

こうした状況が長く続いた結果、定年の文字が意識されるようになる50代にもなると、どこかあきらめの気持ちを抱いたり、投げやりになって働くことへのモチベーションがどうしても低下してきます。

そして、新しい仕事にチャレンジしようとか、もっと自分を高めようといった気持ちが薄れ、現状に甘んじるようになる50代社員が増えています。このような状態を定年後研究所では「50代シンドローム」とネーミングしました。

実際、定年後研究所が２０１８年3月に実施した『定年後に関する定量調査』（対象：50代男性１０００人、女性５００人および50代に当該組織に在籍していた60代５００

人）によると、50代男性で「役職定年を経験した」した人は5・5％で、その時の気持ちを聞いたところ「モチベーションダウン」が36・44％、「あきらめ」（20・0％）、「さびしい・孤独」（16・44％）、「喪失感」（14・5％）「怒り」（7・3％）など、ネガティブな気持ちを抱いた人が大半でした。

「50代で出向を経験した」、「希望のセクションからの異動を経験した」という人の気持ちも同様の傾向でしたが、とくに「希望のセクションからの異動」では男女ともにモチベーションダウンが激しい結果（男性40・9％、女性46・5％）となりました。やはり、やりたい仕事をやらせてもらえないというのは辛いようです。

しかし、すべての人がネガティブなわけではありません。

たとえば、50代で出向した人の中には「わくわくする」（15・1％）「自由を感じる」（14・3％）「楽しい」（10・9％）と歓迎派の人たちも一定数います。役職定年にしても「安堵（ほっとした気持ち）」（27・3％）、「自由を感じる」（21・8％）となっています。

逆風ばかり吹くと思っていた山道も、山頂からの折り返しの下山道では追い風と感じることもできます。山を下り始めるとき、景色を楽しみながらワクワクと下山するのか、あるいは下を向いてトボトボと下りるのか。この違いは大きいです。

　山頂での準備と覚悟がその後の人生を大きく左右するのです。

## 大樹の陰が茨の道に……

「50代シンドローム」のうち、役職定年がもたらす日本の経済的損失はなんと約1兆5000億円！

　これは定年後研究所とニッセイ基礎研究所が共同で試算した数字です（2018年）。役職定年によるモチベーションの低下が生産性にも影響を及ぼし、これほどの巨額損失になるのです。

　役職定年はご存じの通り、特定年齢に達した社員が管理職を外れ、一般職や専門職などで処遇される制度です。1986年、「高年齢者等の雇用の安定等に関する法律」が改正され、60歳定年が努力義務になったことをきっかけに制度化する企業が増えたと言われています。

それまで55歳を定年として給料や退職金の計算をしていた企業にとって、雇用期間を5年も延長することは簡単ではありません。

人件費が大きく膨らめば当然、企業経営は苦しくなります。そこで、コストダウンを目的として導入されたのが役職定年でした。管理職のポストが空くことにより、若手の登用で組織の新陳代謝が図れる、というメリットもあります。現在では従業員500人以上の企業の約4割が導入しているというデータもあります。

現在の50代はバブル期に大量採用された世代で数が多いので、役職定年も拡大していくでしょう。役職定年退職だけでなく、バブル世代をターゲットにした早期退職の募集も増えています。

2019年にキリンホールディングスが行った早期退職募集が注目を集めました。

なぜかというと、これまでの日本企業の早期退職は、業績が悪化した企業が会社を存続させるために、人件費のカットを目的に、半ば強制的に行うリストラに近い形が主流でした。しかし、キリンホールディングスの場合はその前年、第3のビール「本麒麟」

が大ヒットするなどして、過去最高益を出していたからです。

最近の報道等を見ていると、キリンホールディングスに限らず、こうした業績好調な企業が余剰人員を削減するために行う、先行実施型の早期退職は増加傾向にあるようです。人数がダブつくバブル世代社員の整理とそれに伴う若手の登用によって組織を若がえらせ、活性化するためと言われています。

また、今後、70歳までの雇用延長が定着すれば、バブル世代は今後、15～20年勤務し続けることになります。その一歩手前の段階で少しでも整理できれば、将来の高齢者雇用負担を抑えることができる。すべての企業がそう思っているわけではないでしょうが、こんな企業側の思惑も見え隠れします。

一方、当事者からすると、役職定年によって手当などがなくなるため、大方の人は給料が下がります。人によっては会社に居場所がなくなり、かつての部下が上司という立場逆転のケースも考えられます。

つまり、大企業といえどももはや、いざとなれば風雨をしのぐ傘となってくれる大樹だと安心していられる時代ではないということ。ときとして大樹もトゲのある茨に変わってしまうのです。

## 現役社員が描く「65歳からの理想的な働き方」

それでは現役の会社員は、65歳以降の働き方をどう描いているのでしょうか。

定年後研究所の調査では45〜64歳の会社員のうち、65歳以降の理想的な働き方（働き場所）として約7割が「現在の会社」と答えています。

なぜ現在の会社なのか？　という問いに対しては、「今の生活を変えたくない」が70・5％と圧倒的、次いで「安定した収入が得たい」（47・4％）が続きます。「今の生活に満足」という声も21・3％ありました。

現在の50代は、若き日のバブル期はともかく、その後は決して恵まれた時代を過ごしてきたわけではありません。それでも「現状維持」の安定志向派が主流のようです。

超高齢社会に突入し、社会保障や老後のライフプランに対する不安が増大した平成時代。その後遺症をいまだ引きずっているのでしょうか？　この調査の結果は、

「そんなに贅沢を求めなければ現状維持が最良の選択」という意識の蔓延を示しているのでしょうか？

一方、70歳定年・雇用延長制度によって会社の支援を受ける他企業への再就職、または起業、社会貢献活動という働き方については、約15％が理想の働き方だと回答しています。「今の会社でそのまま」という安定志向派に比べれば、チャレンジ派と言ってもいいかもしれません。

チャレンジ派の理由は、「のんびり暮らしたい」（44・9％）、「社会とのつながりを持っていたい」（30・4％）が上位で、その他、「新たなチャレンジをしたいから」「組織に頼らず生きていきたいから」（ともに27・5％）でした。

ただ、安定志向派の人もチャレンジ派の人たちも、「65歳時点で老後の蓄えが十分にできていると思えないから」や「年金だけでは十分な暮らしができないので、年金に加えて安定的な収入が必要だから」といった経済的理由が大きく、理想的な働き方が実現できるかという点では、不安を抱えているようです。

「老後は公的年金以外に最低2000万円が必要」とのレポートが上がり、すぐに引っ込められ、かえって話題になってしまったあの問題が、45歳以上の会社員が65歳以降のライフプランを考える上で、大きな影響（不安）を与えていることもうかがえます。

チャレンジ派の人たちは、「専門的な知識やスキルを持っていない」、「体力に自信がない」、「結局チャレンジより安定を求めるから」といった理由で、自らの理想的な働きが実現できるか、不安を持っているようです。

裏返して考えれば、安定志向派も含めて、専門的な知識やスキル、体力や意欲といった課題がクリアできれば、自分が理想とする働き方ができる可能性は高くなるわけです。

そのためには早い段階からが65歳以降の働き方を見据えて、準備することが大事だと改めて感じる、調査結果です。

## 頭に「もう」が浮かんだら……

役職定年、出向、希望セクションからの異動……。50代の会社員は受難の時代です。

「57歳で部長から課長に。必死に頑張って部長になって、部の業績もそこそこ伸びました。それがたんに年齢が理由で降格ですからね。これまでの苦労はなんだったのか……。59歳になれば平社員、もう、毎日、ため息ばかりですよ」

こう嘆いていたのは、誰もが知るような大企業に勤めている年下の知人です。

前述した通り、役職定年、出向、希望セクションからの異動のいずれかを経験した50代会社員の3人に1人以上が、「モチベーションが下がった」、5人に1人が「あきらめ」の境地など、ネガティブな感情に支配されています。

現在の50代はバブル時代に入社した人が中心、当時のイケイケの好景気を経験しています。そして心の片隅にそのイメージを引きずり、「昔はよかった」という思いが残っています。それだけに現状との落差に落ち込みも大きくなるのでしょう。

しかし、こうしたネガティブな感情は、これからの人生に決してプラスになりません。

ネガティブな感情はループするからです。

「今さら何か始めてもなぁ。もう、先はみえているし」

「これまでまあまあ頑張ってきたんだし、もう、無理しなくてもいいか」

「もう、このまま現状維持でとりあえず、定年までいられたらいいや」

「もう、会社だって俺に期待しているわけじゃないし……」

たとえば、何か新しいことにチャレンジしようという思いに駆られたとしても一時的な感情にとどまることが多く、すぐにこのような気持ちが勝ってしまうことが多いようです。

お気づきかもしれませんが、これらの気持ちに共通するワードは「もう」です。

何かにつけて「もう」というフレーズが頭に浮かんだら、それは心の歩みが止まってしまった状態、「守りのモード」に入った状態です。

そうなると、自ら進んで困難な仕事を引き受けたり、次なるチャレンジのために、学び直そうという意欲も減退してしまいます。結果、「もう、なるようにしかならない。結局、何もしないことが一番」といった開き直り状態になってしまうのです。

若いときは、落ち込んでそんな気分になってもこうはならなかったと思います。

「いや、このままでは終わるわけにはいかない」

「今にみていろ、絶対、はね返してみせる」

逆境をバネにするエネルギーや反骨心が湧き上がり、自分を鼓舞することができた。

しかし、シニア世代になると、なかなか立ち直れません。

そんな「守りモード」が続くと、会社だけでなく、家族、友人関係など、すべてにおいて同様な考え方をしてしまいます。

キツイ言い方ですが、心が錆びついた状態と言ってもいいでしょう。

繰り返しますが、今の50代は人生の折り返しで、その後の人生も相当に長い。ここで錆びついてしまったら、何十年という残りの人生を錆びたまま過ごさなければならないかもしれません。

だからこそ、50代は人生の踏ん張りどころなのです。

定年後研究所では企業において50代からのキャリア研修などのプロデュースもしていますが、その中で、知らぬうちに心に棲みついてしまう「守りモード」の話をすると、参加者は思い当たることが多いようです。

「そうですよね。最近、ちょっと面倒くさいことにぶつかると、すぐ『諦めモード』に入ってしまって……。まだまだ長い人生、ここで錆びつくわけにはいきませんよね」

こうした前向きな声をいただくことも、よくあります。

頭に「もう」が浮かんだら要注意、と覚えておいてください。

## セカンドライフは「学び直し」から

2章で、「定年後の暮らしを楽しみにしていますか」という問いに対して、「楽しみ」が44%、「楽しみではない」12%、「どちらともいえない」が44%だったというアンケート調査を紹介しました。

さらに「楽しみ」と「楽しみではない」の分かれ目は「定年後にやりたいことが決まっている(イメージできている)」かどうかだったということも説明しました。

定年後の楽しみに関しては、中には「定年後に考えればいい」と思っている人も多いでしょう。しかし、実際に定年後にやりたいことをみつけようとしても、予想以上に難しいようです。

習い事教室などに通っても、素直に先生の指導を受け入れられず、結局やめてしまう人も多いようです。

また、定年後は、自然が豊かで生活費がかからないイメージの「田舎暮らし」を頭に描いている人も多いと思いますが、定年後になって急に始めようとしても、なかなかうまくいかないのが実状です。何事も現役時代からしっかりと準備しておくことが成功への近道でしょう。

ところで定年後研究所では、かつてポータルサイトで「セカンドライフでやってみたいこと」を聞いたことがあります。

あらかじめ6つの選択肢を用意しました。

1　学び直し
2　転職／再就職
3　起業／フリーランス
4　ボランティア

5　農業
6　地方移住

約600の投票がありましたが、この中で約半数の人が選んだのが、ちょっと意外でしたが「学び直し」でした。


「学生時代は、ただ単位を取って卒業できるようにとの勉強のしかたただったたが、社会で役に立つ勉強を一からやり直してみたいと思った」

「これまでは仕事や生活が最優先で、「自分のためだけに」というのはわがままな贅沢と諦めていた。これからは自分のやりたい『学び直し』を優先に考えたい」

「時間に余裕ができると思うので、自分磨きのために興味のある分野を深めてみたい」

「社会人として生きてきて、やっぱり「学び」は人生に大きな影響をもたらすと実感、痛感してきたので、これからも「学び」の必要を感じています」

「『もっと時間があれば、突き詰めてみたい』と常々思っていることがあり、自分の時間がとれるようになったら没頭してみたい」

こうした声から、「学び直し」を志向する人に共通しているのは、いくつになっても自己成長意欲がある、ということなのでしょう。しかし、定年後に志向する学びは同じ学びでもかつての学びとは少し違います。

かつて経験した学びは、学校の成績を良くするため、良い企業に就職するため、会社で出世するためといったものでしたが、そういう何かのためではなく、自分自身が成長するため、もっと豊かな人間になるために学びたいという気持ちが強いようです。

学ぶこと自体が目標、生きがいになって、セカンドライフを生きる活力になるかもしれない、知的好奇心を満たす学びは、脳の活性化にもつながる……という期待感もあるでしょう。

自分の興味あることを学ぶのなら、ハードルはそう高くないはずです。あるいは、日々進化するＩＴやＡＩのスキルを学び直したり、新しい知識を増やしていくことは、これからの人生を切り拓く大きな武器になると思います。

## 安定だけでなく、働きがいも支援

繰り返しますが、２０２１年4月から施行される改正高年齢者雇用安定法では、定年延長（あるいは廃止）や継続雇用によって70歳まで働けるようになるだけでなく、

・他企業への再就職
・起業・自営（フリーランス）
・社会貢献活動

という新たな３つの選択肢に対しても、企業が支援することで道が開かれることになります。シニア社員にとっては、70歳までの働き方の選択肢が増えるわけです。

ただ、定年後研究所のアンケートでは70歳定年・雇用延長になっても、半数近い人たちが「今の会社で働き続ける」、つまり雇用再延長を希望しています。

まだ制度が始まっていない現段階で、他企業への再就職、フリーランス、さらには社会貢献活動といっても、具体的に企業がどんな支援をするのか？　制度設計があきらかになっていないので、二の足を踏む人も多いでしょう。

ただ、現在50代の人たちにとっては、せっかく与えられたチャンスなのですから、最初から選択肢に入れないというのはもったいないと思います。

「今の会社で」と答える人の多くは、安定を求めるタイプでしょう。安定とは長年勤めた居場所という安心感、そして、安定した賃金。もっとも、賃金に関しては、ご存じの通り、60歳定年で雇用延長した場合、大きく下がるケースが多いのが現状。65歳から5歳延長の場合も、さらに下がる可能性は高いと言えます。

フリーランスや社会貢献活動といった選択肢は、現段階では制度設計がまだ具体化されていませんので、イメージしにくいと思います。

ただ、推測ですが、65歳で退職、フリーランスになった場合、少なくても5年間は前に所属していた企業が仕事を発注し、下請けという形で収入を得ることができる。少なくともそうした方向で企業は動いてください、というのが法改正の趣旨ですから、その方向に舵を切る企業も少なからず出てくるはずです。

社会貢献の場合も同様で、最低5年間は支援があると思われます。

想定されるのは、前の所属企業が行っている社会貢献活動への有償での参加、あるいは前の所属企業と契約を結んだ社会貢献事業団体等で有償ボランティアに従事することを通じ、収入も得ながら、働きがい、生きがいのある活動に携わることができるということです。

## 定年がない生き方

フリーランス、社会貢献活動という選択肢をとる場合、収入面では継続雇用よりも、不安定になる。そこが不安だという人が多いのはわかります。

しかし、少なくとも改正高年齢者雇用安定法は、65歳からの5年間はこうした働き方を選んだ人を元の企業は一定の支援をしなさいというものです。いずれにしても「自走人生」なのですから元の企業に頼るという考え方は捨てなければ、独立・起業の成功は望めません。

その間に事業の基盤を整え、元いた企業以外のクライアントを確保できれば、70歳を過ぎても仕事が続けられるという「定年がない生き方」もできます。

また、フリーランスや社会貢献活動を選択した人には、誰にも縛られず、自分のやりたいことができる大きな魅力があります。

とくに自分でやりたいことを明確に持っている人は、仕事のモチベーションも高まり、働きがいが生きがいにつながります。新たなステージでは新しい出会い、発見も待っています。なんといっても毎日をワクワクとした気持ちで迎えられるのは、心身の健康に作用します。

かつて、日本の多くの会社員は高校、あるいは大学を出てすぐ就職、がむしゃらに働き続け、定年を迎えたら人生も終幕……という感覚の人が大半だったのではないでしょうか。

しかし、人生100年時代になってもそうした昭和のイメージを持ち続け、退職後は抜け殻のようになって、お迎えがくるのをただ待つ……という人生は寂しすぎますよね。

「そんなことといっても60歳を過ぎてから新しい仕事や人生なんて、遅すぎるんじゃないの」

こんな声も聞こえてきそうですが、単に平均寿命だけでなく、健康寿命も延びつつある現在、60歳、あるいは65歳から新たな仕事や趣味にチャレンジして成功している人たちはたくさん出てきています。

さらにいえば、50代から定年後の人生をイメージし、しっかり準備しておけば、成功の確率はグンッとアップします。

本書でも次の章で、私が出会ったさまざまなケースの「自走人」を紹介しています。自走するためのヒント、皆さんの背中を押してくれる成功例などを記していますので、ぜひ、参考にしてください。

## 再出発への「移行力」を磨く

どこかの企業で働き続ける、専門分野を生かしてフリーランスとして独立する、あるいはＮＰＯ法人などで社会貢献活動に打ち込むなど、第二の人生にはいくつかの選択肢があるわけですが、どんな道を選んでも基本的に何らかのコミュニティ（組織）に所属したり、関わったりすることは共通でしょう。

慣れ親しんだ会社を離れ、まったく異なる環境にうまく適応できるかどうかは、非常に大事なポイントです。

定年後研究所が企画し提供している「百年ライフプラン研修～50代からのキャリア形成」で監修者でもある奈良雅弘さんは、再出発の局面で必要な能力「移行力」は次の5つと定義しています。

①デザイン能力
自分に接続可能な仕事（活動）は何かを見極める能力
②価値訴求能力
自分に何ができるのか「価値」をアピールできる能力
③環境適応能力
過去とは違った現実を「当然」のこととして捉えることができる能力
④汎用能力
どんな組織や仕事でも通用する能力（対人関係力、パソコン操作力など）

⑤幅広い「専門性」

どんな状況、課題にも対応可能な専門能力

定年後研究所では第二の人生を自分自身の力で切り拓いていく「自走人生」を標榜していますが、自走といっても仕事をして収入を得る以上、自分一人でただ走ればいいわけではありません。

「自分が何者で、何がしたいのか」

元の会社や肩書に極力頼らずに生きていくためには、まずこれを明確にすること。そして、それを周囲に伝え、周知させることが大切です。

また、小規模な組織では一人で何役もこなすことが求められますから、汎用スキル、広がりのある専門性も不可欠でしょう。

50代のうちから「移行力」を意識し、磨いておくことが再出発をスムーズにするポイントになります。

## リスタートは元の肩書きに頼らない

私は仕事柄、日々、たくさんのシニア層の皆さんにお会いします。

少し前に、60歳で定年退職し、起業を模索中だというAさんと会いました。

「私、○○で部長をやっていたAです」

そう言って差し出した名刺には、元勤務先名（大手電機メーカー）と管理部門の「元部長」という肩書きが記されていたのです。

これには私も驚きました。

もちろん、過去の経歴や実績を否定するわけではありません。こういう仕事をしてきましたという実績が相手への説得材料になることもあるでしょうし、それを利用することで有利に運ぶこともあるでしょう。

しかし、それは必要とあらば披歴すればいいことで、会社を離れ、第二の人生をリスタートするにあたって、わざわざ過去にすがっているように見られるこのやり方はいかがなものでしょうか。

たしかに高度経済成長期以降、個人の「信用」は会社名や役職という「肩書き」がものを言いました。会社員の多くは、その「肩書き」を得るために、多くは企業戦士となり、モーレツに働いてきたわけです。そこで得た肩書きは、勲章であり、社会から信用されるステータスでした。

しかし、終身雇用制度が崩壊し、企業ブランドの価値も低下しつつある現在は、肩書き（それも過去の）の威光でビジネスができるものではありません。

もちろん、ＴＰＯによっては「威光」となることもあるでしょうが、会社人生を離れ、新たな第二の人生を切り拓いていこうというときに、名刺に元の会社名、ましては肩書きまで入れるのは、違和感を覚えてしまいます。

まず相手に伝えるべきは、「自分が何者で、何をしたいのか」です。それを訴える場面で「元は何者でした」では、現在の自分は伝わりません。

相手が求めるのは、肩書きによる「信用」ではなく、今のＡさんの「信頼」のはずです。逆に相手からすると、プライドが高く、融通がきかない、という印象さえ与えてしまいます。そういうタイプの人と一緒に仕事をしたいとは思わないでしょう。

第二の人生のスタートは以前の自分との決別でもあります。たとえ、あなたに華々しい経歴があったとしても、過去に頼るリスタートは「武士の商法」というものです。

## プロが教えるリスタート成功術

それでは、実際、シニア層の再就職や再就労に関わる現場では、どのような人たちが歓迎され、再出発に成功しているのでしょうか。

「シニアの再就職や再就労で成功するのは、客観的に自分のことが理解できる人です。それができれば、自分自身の能力や可能性を他人にもわかりやすくアピールできる。シニアの就活には大切な要素です」

そう話すのは、人材サービス「マイスター60」（東京都港区）の小倉勝彦代表取締役社長。同社は同業種の中でも「60歳以上のシニアに特化」した会社です。

「当社は大阪中小企業投資育成株式会社の設立投資第1号としての出資を得て、１９９0年に設立されました。以来『年齢は背番号 人生に定年なし®』のキャッチフレーズの

もと、高齢者の雇用創出を使命として活動、今日までおよそ７４００人余りの雇用を実現してきました」（小倉社長）

まさに、「生涯現役の実践」が可能となりつつある「令和の定年」を30年前から見越して、事業展開してきたパイオニアです。

「〝独りよがりの自信〟は良くないですね。やはり、現役時代とは就労条件などが大きく異なることも多いですから、それらを柔軟に受け入れる姿勢が大切です。その上で、できるだけ多くの求人情報に接し、冷静にセレクトしていけば、本当に自分がやりたい仕事、活躍できる仕事が見つけられます」

こう話すのは、同社が主催するセミナー「アクティブシニア再就職相談会」で講師を務める阿知波弓子さん。同社のセミナーでは「シニアの再就職、再就労成功術」を指南しています。そこには、シニアの再出発に必須の心構えや行動指針が盛りだくさんです。

たとえば、「働く動機や目的を明確にすること」。

①セカンドライフの収入確保（補強）のため

②健康維持や自分の居場所づくりのため

③社会貢献や生きがい追求のため

働く動機や目的には、こうした「個人差」があります。

それがフルタイムで働くのか、週3日程度の勤務にするのかという「勤務形態」を選択する際の判断基準に関わってきます。

同社の『シニアの再就職成功術8か条』によれば、現役会社員時代と同じく会社組織の中に身を置くのか、ひとりビジネス（起業）やボランティア活動などで自己実現したいのかという「居場所のスタイル」を決めるのも大切なことだそうです。

「自走人生」創造のためにも、このような機会に積極的に顔を出してみることも一つの手段でしょう。

# 4章

# 自分だけの「定年後」をつくる

## ——先駆者たちに学ぶヒント

## 副業は理想的な「変身資産」

政府が推進した「働き方改革」。その一環としてさまざまな関連法の改正がありましたが、2018年1月の「モデル就業規則（法律に則った形で示した企業就業規則の基準サンプル）」の改訂では、

「許可なく他の会社等の業務に従事しないこと」

という規定が削除され、「副業・兼業」に関する新たな規定（65条）が新設されました。

1　労働者は、勤務時間外において、他の会社等の業務に従事することができる。

2　労働者は、前項の業務に従事するにあたっては、事前に、会社に所定の届け出を行うものとする。

3　第1項の業務に従事することにより、次の各号のいずれかに該当する場合には、会社は、これを禁止又は制限することができる。（以下、省略）

これらによって事実上、副業・兼業が公認されたことから、2018年は「副業元年」と呼ばれています。新たな時代の幕開けとなったといっても過言ではありません。

もっとも、副業が解禁されたからといって、誰もが手軽に副業ができるわけではありません。実際には、本業の仕事への影響や社員の長時間労働・過重労働を助長、情報漏えいのリスクなどを理由として、まだ副業を認めない企業も多いのが実情です。

それでも、最近になって大手を中心に解禁する企業が増えてきているのは、解禁によるメリットが理解されるようになってきたからでしょう。メリットとは、「従業員のスキルや知識の習得により、人材育成につながる」、「優秀な人材を採用できる可能性が高まる」、「企業のイメージアップ」などです。

「人生100年時代」というフレーズの産みの親となったリンダ・グラットン、アンドリュー・スコット著のベストセラー『LIFE SHIFT-100年時代の人生戦略』では、資産を不動産など形のある「有形資産」と、形を持たない「無形資産」に分けています。

無形資産はさらに、スキルや人脈など、金銭的な所得を生み出す「生産性資産」、家族や友人との良好な関係、健康や幸福感など活力の源となる「活力資産」、柔軟性や勇気、自己分析力など変化に対応するための「変身資産」の3つに分類されています。

この3つの無形資産のバランスがとれていると、年齢を重ねてもイキイキと充実した人生が送ることができる、とされています。

副業（社外活動）による会社（本業）への影響としては、「自分を客観的に見られる」「視野が広がる」などが挙げられていて、社外での経験が大きな「変身資産」になること。また、同時にスキルや人脈も形成され、それにより生活に活力が与えられるので、「生産性資産」や「活力資産」も得られるということが示されています。

副業と言えば、単純に「所得が増える」という「有形資産」形成の側面が強調されがちですが、実は、理想的な「無形資産」の形成手段でもあるわけです。

50代の社員のなかには、役職定年などを経験してモチベーションが下がっている人もかなりいらっしゃるでしょう。もし許される環境であれば、そんな時代のカンフル剤として、また、定年後の新たな仕事を模索したいと思っている人なら、これはおすすめしたいですね。

## 収入減っても副業希望。働き方も多様化へ

定年後研究所が50代、60代の会社員を対象に行った調査でも、「定年後に備えて勤務先にあるとよいと思う支援策」は、「長期休暇」に次いで「副業公認」が第2位でしたので、ミドル世代にとっては、待ちに待った副業解禁とも言えます。

日本総研（日本総合研究所）の行った調査でも、都内勤務の45～64歳男性は約7割が副業・兼業を希望しており、そのうち半数近くは「給与が減っても行いたい（週1日程度）」と回答しています（2019年3月）。

給与減額の許容割合としては、多い順に「0%～10%未満」（38・8%）、「10%～20%未満」（25・1%）、「20%～30%未満」（18・6%）で、さすがに減額割合が多くなるにしたがって割合は下がっていますが、約4割の人が1割減ならOKと回答しています。

多少給与が減っても将来の新しい道につなげていきたい、あるいは自分の今までのスキルの活用などへの意欲から、副業・兼業にチャレンジしたいという強い意欲を持つ人

が多いということでしょう。

将来を見据えた場合、副業を行った結果として、会社の外に今まではない新しい人脈ができることも副業の大きなメリットでしょう。

仕事でも趣味でも人とのつながりは大切です。仮に副業があまりうまくいかなかったとしても、その仕事を通じて知りえた人脈が新しい仕事につながったり、今の仕事に活かせたりすることもあり得るからです。

一方、副業の仕事内容も広がりつつあり、なかには、地方公共団体が副業や兼業を受け入れるケースもあります。

たとえば、北海道余市町では昨年、副業・兼業で戦略推進マネージャーを外部から2名を募集しました。仕事内容は余市町の魅力を積極的に発信し、「余市ブランド」を高める仕事です。月4日程度の勤務で、報酬は旅費も含めて月14万円。

この募集には全国から453名もの応募があり、大手出版社勤務の編集者、マーケティングの専門家が選ばれたそうです。

地方での副業は新型コロナウイルスの感染症対策をきっかけに、テレワークが普及しはじめたことで、今後、増加する可能性も高いでしょう。

副業・兼業の働き方も多様化の時代を迎えています。

## キャリアを活かした副業で、趣味も楽しむ

私がかつて取材した〝自走人〟にも、副業で充実した人生を送っている方々がいました。実際に自走している人たちの実例は、これからチャレンジする人たちへのヒント満載ですので、ぜひ参考にしてみてください。

まずは堀越和彦さん（取材当時65歳）。

堀越さんは46年間にわたって百貨店の食品部門に勤め、現在は百貨店では嘱託として働く傍ら、人材派遣会社に登録し、高速道路サービスエリアの土産開発とアドバイス、商業施設の衛生指導、女子大学でのインターンシップの企画など多彩な仕事に携わっています。

60歳で定年を迎える時に、人事から、「定年後は週3日の勤務」と言われ、社会保険

加入の問題もあるので、どうしようか悩んだそうです。すると人事の方からこんなアドバイスが。

「人材派遣会社と契約しているので、百貨店で3日働き、あと2日は人材派遣会社で仕事を見つける方法もあります」

このアドバイスを受けて、堀越さんの副業へのチャレンジが始まりました。

現在の仕事は食料品部門で働いてきた経験、自分の知見や趣味が活かせる素晴らしい仕事だそう。医療機器会社から「研修旅行で北海道に顧客を連れて行くので、うまい食べ物や土産を企画してほしい」といった、堀越さんにうってつけの依頼もあるようです。

最初、人材派遣会社で履歴書を書く際に、過去の経歴よりも『今、何をしているか、何ができるかがポイントです』と言われたことが印象に残っているそう。やはり過去よりも現在、これからがポイントのようです。

「高速のサービスエリアの仕事では、全国のサービスエリアをめぐっています。私はその出張には必ず休みを1日つけて、近隣の温泉とグルメを楽しんでいます。仕事と趣味、一石二鳥です（笑）」

続けて、堀越さんは、

「気をつけているのは1週間の労働時間。40時間を超えないようしなければいけません。そして健康管理ですね。そのうえで趣味を活かした仕事をさせていただいています」

さらに堀越さんは自身の経験から、こう言います。

「社内に副業制度があるといいですね。たとえば、売り場の人が週に1日は企画の仕事をするといったようにね。こうした経験があると、定年後の副業にも入りやすいと思います。やりがいのある仕事で、時間の価値を高められます」

堀越さんは勤務先の支援策を活用しながら、自分のキャリアを活かして、充実した日々を過ごしています。

また、堀越さんは2020年度の食品衛生表彰の會（主催：厚生労働省・日本食品衛生協会）にて、永年食品衛生の普及向上に貢献した功績が認められ日本食品衛生協会会長賞（衛生功労者）を受賞されたそうです。まさに、経験と継続した努力が実を結んだ人生といえましょう。

## 苦労は「自分のため」――海外シニアボランティアの夢を実現

「えてして会社は、自らの経営幹部に対し、会社を生活の中心に据えることを期待する。しかし仕事オンリーの人たちは視野が狭くなる。会社だけが人生であるために会社にしがみつく」（『現代の経営』）」

経営学の巨人ピーター・ドラッカーは、こう看破しています。

仕事人間ならぬ「会社人間」と称されることも多い日本人ビジネスマンには、耳の痛い言葉ではないでしょうか。「会社だけが自分の居場所」と思っている人はいまだに少なくないようです。

「雇用関係とは、元々きわめて限定された契約であって、いかなる組織といえども、そこに働く者の全人格を支配することは許されない」

ドラッカーの至言です。

「僕は60歳より少し早く、58歳で会社を辞めました。会社の定年は60歳で、その後も雇用延長して会社に残るという選択肢もありました。ただ、人生の残り時間を自分のために使いたいという気持ちの方が強かったのです」

と話してくれたのは、島田明夫さん（取材当時・72歳）。

島田さんが自分のためにとった行動は「国際協力機構（ＪＩＣＡ）」のシニアボランティアです。応募年齢ギリギリだった68歳で合格し、２０１６からは2年間、チリ共和国で日系人とチリ人に日本語を教える活動に従事しました。

58歳で退職、合格が68歳ですから、夢の実現に10年を費やしたことになります。

「もともと語学が好きなので、外国に行けるチャンスはないかと思っていました。実は兄が日本語教師の資格を持っていて、彼を見ていて日本語教育であれば願いがかなうのではないかと考えたのです」。

そして退職後、すぐに日本語教師養成講座に通ったそうです。

「講座受講中にＪＩＣＡのシニアボランティア選考を受けたのですが、もちろん滑りました」

笑顔で振り返る島田さんですが、その後の行動は驚くべきものです。

「経験が圧倒的に足りないのはわかっていたので、武者修行を始めたんです」

武者修行は中国で5年半、日本（高知）で1年半、タイで2年、合計9年間を日本語教師として渡り歩いたそうです。

「最終目標をＪＩＣＡシニアボランティアだと決めて、がむしゃらに動き回りました。たしかに大変でした。しかし、自分で選んだ道ですし、自分のための苦労だと思えば、同じ苦労でもさほど、苦ではありませんでした。合格はその結果が出たんだと思います」

島田さんは苦労覚悟で会社を離れ、自分のために苦労の道を選んだわけです。このことから教えられるのは、「自走人生」を考える上で大切なことは、「自分のために」というスタンスだと思います。

「寄らば大樹の陰」という言葉のとおり、頼れる存在としての会社に長く勤めていると、どうしても依存体質が生まれてくるのは否めません。ドラッカーの言う通り、会社にいつまでもしがみついてしまいがちです。

会社から離れるということは、まさに依存からの脱却であり、自己責任の世界にほかなりません。当然、苦労することも想定できますが、それを「自分のために苦労したい」と置き換えられたことが、今、島田さんがイキイキと自走人生を送ってこられた秘訣でしょう。

もちろん、シニアボランティアは思いつきで決めた目標ではなく、会社勤めをしていた時からボランティア活動には興味があったそうです。

やはり、現役時代に「会社人以外」の世界にも目を向けていたことが、結局、自分の夢をかなえる快挙につながったのでしょう。

## 早期退職という選択肢がもたらした天職

定年後の自走人生を目指すうえでは、「早期退職」というのも一つの道でしょう。

「私は2年前の50歳の時に、25年勤めた出版社を退職しました。最初は『60歳になっても、きっとこの会社にいるんだろうな……』となんとなく、イメージしていたんです。ところが、『もしそうだとしたら、その後、私はどうするんだろう?』と自問するようになり、『ちょっと違うかも』と考え始めたのが早期退職のきっかけでした』

こう語るのはヨシダヨウコさん（取材当時52歳）。ちょうど勤務していた出版社が早期退職を募集したこともあり、「チャンスだ！」と即断即決しました。一見、無謀にも思えますが、

「人生とは『ワクワクするものであるべき』で、そのワクワクは自分自身の手でつかむもの」

ヨシダさんが抱いていたこの信条が自分の背中を押したのです。

「10年後、60歳になって退職したときに、ワクワク感を持って外に飛び出せるのか？気力・体力が残っているのか？ と、自問自答した結果、『今しかない』と思ったんですよね」

ちょうど50歳になったタイミングだった吉田さんはこう考えたそうです。

その後、ヨシダさんは 実家が寝具店だったこともあり、まずは睡眠について勉強を始めました。

ただ、「自走」のための準備もなく早期退職で飛び出しただけに、いろんなことを学

びながら何でも自分で一気にやらなければならず、辛い時期もあったそうですが、学んでいくうちに睡眠の大事さを痛感したようです。

「7、8時間の良質な睡眠時間が確保できれば、人のパフォーマンスは2倍、3倍と上がります。今は眠りの大切さを広く伝えたい、という思いで日々、ワクワクしていますね」

ヨシダさんの自走人生は、順調なスタートを切ったようです。

現在は睡眠改善、睡眠環境アドバイス、良質な睡眠をとるための生活リズム指導などを行う「ネムリノチカラ」を設立、「睡眠コンシェルジュ」として忙しい日々を送っています。

「現役のときに、社外の世界を経験できる制度があればいいと思います。一度でも外の風を浴び、どれぐらい冷たいか、痛いかを感じておくと、将来自走するときに必ず役に立つと思いますよ」

ヨシダさんは、自身の経験をもとにこんなことをおっしゃっていました。会社を辞めて初めて「どれだけ会社に守られてきたのか」を実感したという声はよく聞きます。それだけ会社はありがたい存在だということですが、そこに甘えも生じます。

自走人生を目指すなら、できるだけ早い段階で会社の外の空気に触れておくことの大切さを感じますね。（ネムリノチカラに興味を持った方は次のサイトをご参照ください。

https://nemurinochikara.com）。

## マッチングサービスが独立を後押し

２０２１年４月にスタートする高年齢者雇用安定法の改正では、企業側に、起業希望者（フリーランス）に対して、70歳まで一定の支援が求められています。

ただ、起業する立場からすると、支援終了後の生計の道が心配になりますし、会社の支援範囲が自分のやりたいこととマッチするとは限りません。

そこで、利用したいのが起業を支援するサービス。今ではそうしたサービスが数多く存在します。

人事コンサルタントとして活躍中の井川裕行さん（取材当時61歳）も、その恩恵を受けている一人です。

井川さんは数年前に司法書士の資格を取得し、現在は独立して活躍していますが、仕事の半分は大手人材派遣会社の「顧問ネットワーク」経由だそうです。

このネットワークに登録しておくと、井川さんの経験やノウハウを活用したい企業とのマッチングをしてくれるというサービスです。

たとえ最初は元の会社の支援があったとしても、会社はそれまでの人生ほど「頼れる存在」ではなくなります。起業を目指すなら、あくまでも自分でレールを敷きながら、自分の動力で走っていく自走人生を確立するのが理想です。

その際、「顧問ネットワーク」のような外部の「自走支援装置」を利用するのもひとつの手段でしょう。

ちなみに井川さんは大学卒業後、新卒で就職、2013年までの33年間に4つの会社を経験し、主に人事・総務部門の責任者を担当してきたそうです。

「最初の会社には20年ぐらい勤務していましたが、いろいろと冒険がしたくなって転職しました。グローバルな会社を含めて、いろいろな業界、いろいろな会社の人事の仕事を経験できました。『もう、あらゆる修羅場はくぐった』というレベルまでの経験を積めたので、人事コンサルタントとして独立に踏み切ったのです」

　自分の経験、スキルに自信を持ち、満を持しての独立、起業というわけです。

「私の場合は会社からの支援はなく、『自力でやるしかない』と腹をくくり、自分に合う仕事は何かを十分に考えて動きました。また『顧問ネットワーク』のようなマッチングサイトがあることも、独立を後押ししてくれました」

　今後、改正法によって元の企業が起業希望者を支援していくのなら、企業は準備期間をきちんと設定して、50代社員の意識付けをしていくことが大事と、人事コンサルタント目線の言葉も明快です。

　今後、70歳定年・雇用延長がうまく機能するためには、制度設計する国、対象となる個人、そして企業と、それぞれの立場の本気度がカギを握ることでしょう。

「私は自分のことを〝シニア〟だと思っていないんですよ。60代って、まだ〝ミドル〟でしょう」

　昨年、晴れて司法書士事務所を開業した井川さんは、力強くこう語ってくれました。

「2018年に合格した司法書士の新人研修に参加した時のことです。合格者の中で自分が一番年上の方だろうと思っていたら、同年代の方々もちらほらと見かけましたし、なんと80歳で合格した方もいらっしゃいました。『健康に問題がなければ80歳までは現役で頑張ります』と皆さんの前で挨拶をしましたが、当たり前の話をしてしまったような気がしています（笑）。『さすが士業だな』と感じました」

士業には定年＝終わりがないので、始まりも決まっているわけではない。比較的高齢になってもチャレンジできるわけですが、それにしても、80歳の合格者がいらっしゃったというのは驚きですね。

人生100年時代を迎え、今後はますます高齢者のチャレンジが増えることでしょう。

## 会社の中に別の居場所を見つける――自ら望んでエンジニアから新人教育係に

50代になって、仕事に対するモチベーションが低下してしまう50代シンドロームの話を前述しましたが、その原因は役職定年や出向、配置転換などです。

定年後研究所の調査では50代男性で役職定年を経験した36・4％、50代で出向を経験した23・5％、希望のセクションからの異動を経験した40・9％が、モチベーションダウンを感じており、「あきらめ」を感じた人が20・0～27・6％にも及ぶことがわかっています。

バブル期に大量採用された世代がちょうど現在50代を迎え、企業内におけるポストが不足しているため、とくにこれからの10年くらいが、50代シンドロームの危機が最も懸念される状況といえるでしょう。

社会問題にもなりつつある50代シンドロームですが、中にはこの「受難」を逆手にとって、新たな「自走人生」を走り始めた人もいます。

高倉成行さん（取材当時65歳）は、35年間勤めた電気機器メーカーで、新製品開発の立ち上げに関わってきました。現在のデジカメのもとになる世界初の電子カメラを世に送り出したり、携帯電話に組み込むカメラを開発したりと、技術職として数々の実績を残してきました。

ところが、60歳で迎えた定年後の継続雇用は、「研修担当」というまったく畑違いの仕事。ただし、これは配置転換の話が出た際、自ら希望した部署だそうです。

「私は会社に入る時、『世の中のためになるモノをつくりたい』と思って入社しました。50代後半になって『私の設計技術というチカラが、本当に世の中のためになっているのだろうか』と考え始めたのです。

そして、今の自分にできること、社会や会社に貢献できることは、後輩の育成なのではないか』と考えるようになりました」

高倉さんは5年間にわたって毎年１００人以上の新入社員研修を担当し、それぞれの職場に送り込んできた人です。

それにしても畑違いのジョブチェンジに加えて、親子ほどの年齢差からのギャップ……。高倉さんがいかに困難な職務への挑戦を選んだかは容易に想像できます。

「実際、飛び込んでみたら、やはり世代ギャップによる考え方の違いに苦労しました。なかには『なぜ私がこの研修を受けなくちゃいけないんですか』と信じられないようなことを言う者もいました。世代ギャップを埋めるために、当時流行していたスマホゲームをはじめて、共通の話題をつくったりもしました。

するると、徐々にコミュニケーションが取れるようになり、彼らの悩みを聞いたり、アドバイスしてあげられる関係が築けるようになったんです。今振り返ると、楽しかったですし、自分の新たな可能性を見いだせた5年間でした」

2019年の1月に65歳を迎え、高倉さんは継続雇用の契約を満了しました。そして、次のステップとして東京都のシニア向け事業「東京セカンドキャリア塾」に入塾、半年間にわたってコミュニケーションスキルや企画力などを学んだそうです。

「私はもともとエンジニアで、新しいものをやることが大好きです。これからも新しいものに興味を持ち、夢や希望へとつなぎながら『人生100年』を生きていきたいですね」

高倉さんの次の挑戦はすでに始まっているわけですが、こうしたケースが教えてくれるのは、今の会社の中にも、それまでとは全く違う「居場所」があるかもしれないということです。

ただし、そこでやりがいを持って生き生きとした定年後を過ごすには、強制された居場所であってはいけない。あくまでも自ら望み、飛び込んでいった居場所でなければならないということです。

## 起業をかなえる個人版M&A

普通の会社員が定年後に起業することは、以前よりハードルが下がったとはいえ、「難事業」であることには変わりありません。

秀でたスキルや経営ノウハウ、もちろん、独立するための資金も必要です。ただ、先に紹介したマッチングサービス同様、起業したい人を支援するサービスは様々なアプローチ方法で広がっています。

そうしたサービスの中で、私が興味を惹かれたのは「パーソナルM&A」というサービスです。

これを展開するのはジャパンM&Aソリューション株式会社（三橋透代表取締役、東京都千代田区）。同社は中小企業が取り組みやすいM&Aの仲介を通じて、中小企業の事業承継問題（後継者不在）の解決に寄与することを目的に設立されました。

「パーソナルM&A」は、中小企業のM&Aをさらに小振りにした、いわば個人版M&Aです。

たとえば、後継者が不在で、赤字経営だった町の八百屋さんを起業希望の第三者が買い取り、経営を引き継ぐといったケースで、すでにある事業基盤を利用して、一国一城の主になる、というものです。

たとえば、野菜に興味を持ち、「野菜に関わる仕事がしたい」と考えていた60代のOさんは、横浜のとある商店街にある八百屋さんを買収、夢をかなえました。

Oさんはまず、店頭の野菜の種類を増やして従来の倍にしました。そのために契約農家から直接仕入れる方式を採用し、「新鮮でおいしい野菜の品揃えが豊富」をウリにして固定客をつかみました。

一方で、新規顧客を集めるために、土日に全国物産展を開催、スーパーなどには出回っていない各地域の特産の野菜販売などを行い、さらに最近では、新鮮野菜を使ったサラダなど総菜類の販売も始めました。

　こうして野菜販売はもちろん、事業経営にも無縁だったOさんはお店を黒字に転換、現在では2軒目の店舗を出すほど成功しています。

　三橋氏は、八百屋とOさんの橋渡しをしたわけですが、同社はそれだけにとどまらず、その後の経営サポートも行っているのが特徴です。直売や全国物産展なども実は同社のアイデアで、社長の三橋氏も土日のイベントなどには、法被を着て手伝いに駆けつけるそうです。

　また、セミナーでは、有線放送会社の事業開業サポート担当者が、「飲食業界では事業売却希望が多いんです」と言うと、同じく参加者であったビール会社の人事部門担当者が「わが社には、定年後に飲食業をやりたいというシニア社員が多いんです」と応じ、一気に話が進むケースもあるそうです。

　もちろんその先には細かい条件が合うかどうかといったこともあるでしょうが、とにかく売りたい人と買いたい人が集まれば、互いにウインウインの関係を築く可能性は高まります。

こうした同社のサービスに対し、企業からの問合せも増えているそうです。中小企業や町の個人店では後継者不在が大きな問題になっているからです。「パーソナルM&A」は、その解決の一助となり、また起業を考えるシニア社員の新たな選択肢になりそうな予感がしています。

## 社会貢献にもなるグランドシッター

グランドシッターとは、一般社団法人日本ワークライフバランスサポート協会（Jサポート、東京都千代田区、武市海里《みどり》理事長）が提供している民間資格のこと。保育園や幼稚園、学童保育、子育て支援の現場で、保育士資格がなくても保育士補助やサポート業務ができる職種です。

保育業界は慢性的な人手不足が問題となっています。保育士の数を確保できず、定員に満たない園児数しか受け入れられない園も少なくありません。そんな保育業界にシニアの力を動員するために登場したのがこの資格です。

「保育の現場には、シニアが活躍できる場面がたくさんあります。自然の中で育った経験、昔からの生活文化の体験には、現代の子供たちに伝承すべきことも多い。そして、『判断力や応用力』などの会社人生で得たスキルは、若い保育士の逆サポートとしても役立っています」

同協会の武市理事長はこう語ります。

子どもと触れ合う機会の多いグランドシッターには、「子どもの心と体の発達」や「安心安全講習」などの専門知識は必須で、それを学ぶのが「グランドシッター養成講座」です。

さて、その養成講座で講師を務める加藤真さん（取材当時66歳）は２０１６年、グランドシッターの資格を取得し、翌年から週３日ほど横浜市内の保育園で保育補助業務を経験し始めました。その後、グランドシッター講師養成の講座を履修し、今ではグランドシッター育成のほうでも活躍中です。

加藤さんは大手電機機器メーカーに入社後、グループ会社のシンクタンクで定年を迎えるまでの37年間、主に人事、総務、人材育成などの部門で働いてきました。17年からは高知大学の希望創発センター特任教授として月1〜2回は高知に出かけ、同大学の新規プロジェクトに参画するなど、アクティブな自走人生を謳歌しています。

「核家族化の影響でしょうか、最近はグランパやグランマ（祖父母）と交流がない子供たちもたくさんいます。自分の人生経験が、このようなカタチで子育てに生かせるのは素晴らしいと思います。子は国の宝ですから。また、保育業界は人手不足が課題です。私たちシニアが、少し時間を割くことで、社会課題解決の一助になっていると思うと、大変やりがいを感じます」

自分の孫世代と触れ合うことで、若さや元気ももらえ、それが社会貢献にもつながる。このような職種は、これから大いに注目と言えるでしょう。

## 「店を開く」という夫婦の夢をかなえた準備力

次は、早い段階から準備して、やりたかったお店を開いた夫婦のケースです。

阪急京都本線大宮駅から徒歩6分ほどの三条猪熊町の静かな街並にある「町家カフェ

檸檬《レモン》」。経営するのは北村公亮《ともあき》さん（取材当時62歳）、文里《あやり》さん（同60歳）の夫妻です。

二人がこの地に京都に移住してカフェを開業したのは今から6年ほど前だそうです。

「定年後、学生時代を過ごした京都に住みたいと思っていました」

これが公亮さんの思いでしたが、一方の文里さんはこんな希望を持っていました。

「ずっと専業主婦でしたので、このまま終わりたくない。得意な料理を活かして、カフェをやりたい」

そんな二人の希望を足したら……。

「じゃぁ、京都でカフェを」

こんな自走人生のシナリオが出来上がったそうです。

ただ、公亮さんが「定年後に」と描いていたプランは、予定よりも早まりました。カフェを出す6年前、57歳だった公亮さんは、総合スポーツメーカーに勤務する現役の会社員でした。

「未経験の移住とカフェ経営を実現するのは簡単なことではない。定年を迎えてからのスタートでは体力的にもキツいし気力も衰えているかもしれない。やるなら『今でしよ！』と（笑）」

そう考え、二足の草鞋を履くことを選んだ公亮さんの決断後の行動はスピーディーかつ周到でした。

京都移住を指南している専門家にアドバイスを求め、地元不動産屋には、「店舗付住宅の町家を」という条件で、物件探しを依頼。文里さんはカフェ経営を学ぶために、カフェのパートを3軒ハシゴしたそうです。

こうして、早い決断で捻出した時間を周到な準備に費やすことができたことが、夢の実現の秘訣だったのでしょう。

現在では文里さんの手作りおばんざいを、「デパ地下より美味しい」と毎日通ってくれる常連さんもいらっしゃるそうです。

公亮さんは60歳で定年退職するつもりでいたそうですが、60歳以降も希望していた職場に配属されることになったため、雇用延長の道を選んで、現在も勤務先で活躍中です。

週5日は京都から大阪に通勤し、土日はカフェの手伝いという生活を送っています。

夫妻には年に一度、欠かさない楽しみもあります。水入らずの海外旅行です。

「来月も店をお休みしてトルコに行ってきますよ」

取材した際にこう言っていたお二人の笑顔は、充実した自走人生を物語っていました。お二人から学ぶのは、思い立ったが吉日、準備行動は素早く、そして、やはり夢をかなえるための努力ですよね。

そして、それを支えるのは、「定年後は好きな仕事をして暮らしたい」という強い前向きな気持ちしかないということでしょう。

## 政府も後押しするリカレント教育

ここ数年、国内でリカレント教育というものが脚光を浴びています。政府も文部科学省を中心に積極的に取り組み始めています。

元来、リカレント教育とは学校教育を生涯にわたって、分散させようというスタイルで、職業上必要な知識・技術を修得するためのフルタイム就学と、フルタイムの就職を繰り返すことです。１９６０年代後半、スウェーデンの経済学者によって提唱されました。

日本の場合、高度経済成長期以降は終身雇用制が定着していたため、働きに出てから改めて学習機関で学び直し、また働くという方法は定着しにくい環境にありました。社会人になってからの学習手段といえば、職場の担当者が行うＯＪＴ研修などに限られてきたのが実状です。

しかし、終身雇用制が崩れたうえに、超高齢化社会や働き方改革・非正規雇用者の支援などが求められる昨今、社会人の再チャレンジの手段としてリカレント教育が求められているわけです。

リカレント教育を受けるメリットは、学び直しによるスキルのアップデート、専門的なスキルの習得といったことが挙げられます。そして、業務や勤務の経験を踏まえた学習をする場合、専門知識・技術の習得のペースはゼロから学習するよりも早いということもあります。

また、未経験分野の学習をするとしても、その領域に今まで築いた経験や知識をかけ合わせることで、より価値の高い学びとすることができます。

定年後研究所に寄せられたミドル・シニア層の声でも、定年後にやってみたいこととして、「学び直し」が断然トップでした。つまり、国も個人も相思相愛の施策といえます。

定年後研究所でも２０１９年、「京都リカレントステイ」というリカレント教育の一環となるプログラムを実験的に実施しました。「リカレント（学び直し）」だけでなく、「フィールドワーク」を通じて、自分自身の定年後の「自走人生」探しのお手伝いをするものです。

このプログラムは京都が抱える地域課題の解決に取り組む地元企業・団体と大学、そして私たちシンクタンクのコラボによって生まれた全国でも初めての試みでした。「京都での定住促進や地域商業やコミュニティの再生など地域の活性化にもつながる大変意義のある事業」

地元自治体である京都府からもこんな期待の言葉、そして後援をいただいて実施しました。

## フィールドワークで現場を知る

「京都リカレントステイ」は全国初の試みと紹介しましたが、実は政府が推進するリカレント教育の中でも、地域ニーズに応じて産官学が連携してプログラムを開発し、都市部人材の転職を支援というアイデアは「出口一体型地方創生人材養成システム事業」として、最も力を入れている分野です。

つまり、都市部で働きながら地域の学びと副業的な活動を経験し、転居・就職に結びつけてもらうことが狙いです。

「京都リカレントステイ」でも京都市の後援（官）のほか、「学び」では佛教大学（学）と連携し、フィールドワークでは「産（民）」である地元企業や商店街、旅館などに協力していただきました。

実は先に紹介した「町家カフェ　檸檬《レモン》」を経営する北村夫妻とは、この企画を通じて知り合ったのです。

この試みは19年12月から20年2月までの3カ月間行われ、月に一度、金曜から日曜の

## 京都リカレントステイのフィールドワーク

| | |
|---|---|
| フィールドワーク 1 | 東山白川の古川町商店街で、カフェ・食料品店での商売体験を通じ、経営や街の活性化を学ぶ。<br>協力：古川町商店街 |
| フィールドワーク 2 | 地方・地域でのキャリア活用の可能性を探り、50代向けのキャリアイベントを企画する。<br>協力：京都移住計画 |
| フィールドワーク 3 | 老舗旅館の業務体験を通じ、生産性・サービスレベルのアップに向けた改善提案を行う。<br>協力：綿善旅館 |

2泊3日で京都にステイし、学びました（2月は土曜、日曜の2日間）。

実際のプログラムは「学び」では、仏教的な視点から「人間とは何か」「私はどう生きるべきか」といった根源的な問題について問い直す機会となりました。また、本プログラムの特徴である「フィールドワーク」では、主に3つのテーマに取り組みました。

一つ目は商店街に活気を取り戻すアイデアを考えるもので、東山区にある古川町商店街の中にあるカフェや食料品店で仕事体験をしながら、店主と一緒になって考えました。

2番目の「京都移住計画」では、京都へのUターンやIターンを支援するために、移住希望者の疑問や不安に対する対処法を模索するもの。衣食住それぞれの分野の専門家の話を聞いて、参加者がそれぞれ考えました。

3つ目のフィールドワーク先は、創業190年を誇る老舗旅館、「綿善《わたぜん》旅館」（中京区井筒屋町）。ここでは「京都ならではの文化と伝統を、令和の新しい時代にどのように伝承していけばいいのか」というテーマで、旅館の若女将とともに取り組みました。

どれも地元の課題解決を通じて、社会貢献の側面が強いフィールドワーク。受講者の皆さんにも自走人生を考える上で、大きなヒントになりました。

## 自走するために必要な社外体験

「定年後に『カフェをやってみたい』という希望がありました。ところが、フィールドワークで商店街にあるカフェで修行（仕事体験）してみると、『やるべきだ』というレベルまでは、まだまだということを痛感しました。定年後の構想は、もう一度練り直しです」

これは京都リカレントステイの受講者Aさんの感想です。

一見、後ろ向きのように聞こえますが、Aさんは京都での体験を通じて、自走人生についてより深く、真剣に考えるようになったそうです。

やはり、実際に体験してみないことには、わからないことも多いのは確かです。見ると聞くのでは大違いです。

また、京の老舗旅館で「京ならではの文化・伝統をどう宿泊客に伝えるか」というテーマのワーク受講者は、うれしそうにこう語ってくれました。

「私は今、社員教育の仕事をしています。今回のワークで、従業員の方たちと一緒に仕事をしたり、若女将と旅館の新企画を考えたりしましたが、その時にいまの仕事経験が『すごく役立つ』という発見ができました。スキルや経験は、意識すればどこでも通じると実感しました」

また、さまざまなフィールドワークを通じて、こんな声も上がりました。

「勤務先で経験したキャリアの集合研修とは違いますね。ずっと同じ会社で勤務していましたから、フィールドワークを経験してみて井の中の蛙だったことに気づき、新しい発見もできました。『見えてきたな』と実感しています」

さらに、フィールドワークが地域の課題に取り組むテーマだったこともあり、こんな声も。

「京都のために役立っている感じ。今回のフィールドワークを通じて、改めて社会とのつながりを感じた。会社の中にいるときにはなかった気持ちだ」

このように、自走人生に「地域貢献」や「社会貢献」というキーワードが見えてきたのではないでしょうか。

定年後研究所にとっても初の試みだったわけですが、受講者の皆さんはプログラムを通じて、自走人生を見つめ直す、あるいは大きなヒントを得るといったことになったようで、主催者としてもうれしい限りでした。

## 「リカレント休暇」の創出を

前述したように、京都リカレントステイの試みは、受講者からも好評をいただき、主催した私たちも手ごたえをつかみました。

さらに受け入れてくださった京都の企業や団体などからも、

「中高年会社員の受け入れは初めてだったが、長い会社人生で培った経験やスキルは、業種が違ってもすぐに活かせることがよくわかった」

「一度だけの単発のセミナーと違って、3カ月かけて互いの人生観を共有し合うことができた」

など、感謝の言葉や肯定的な感想や意見をいただきました。

「京都リカレントステイ」では、フィールドワーク（仕事体験）が最大の特徴。そのため、京都に滞在して仕事体験をする時間が必要です。実は当初の企画では、半年、あるいは1年ぐらいかけてじっくりと体験してはどうか……といった案もありました。いわば、本場、欧州のリカレント教育です。

しかし、現役会社員にとって『職場を長期間離れるのは困難』ということで、1カ月に週末の3日間だけ京都に滞在してワークをこなすというプログラムを、3カ月繰り返すという苦肉の策になったわけです。

結果として受講者の皆さんには、3カ月にわたって毎月1回、金曜日に有給休暇を取って参加したことになりました。

「3日間の京都でのワークという非日常を経験し、翌月のワークまでの間に、日常の生活や仕事があったので、夢と現実の間を行ったり来たりしながら、将来のことをじっくり考えることができた」

終了後の振り返りのミーティングでは、こんな前向きな声もありました。

「会社にリカレント休暇といった制度があると、もっと参加しやすいのではないか」

こういう意見も多く寄せられました。


厚生労働省の就労条件総合調査（平成31年）によると、年次有給休暇などの法定休暇以外に「特別休暇」を付与している企業は59・0％。特別休暇の中身（種類）は「夏季休暇」が一番多く、42・9％、以下「病気休暇」25・7％、「リフレッシュ休暇」13・1％と続きます。

残念ながら「教育訓練休暇」は5・8％にとどまっています。企業規模1000人以上の大企業に絞っても、特別休暇制度がある企業は78・3％にも上りますが、「教育訓練休暇」は4・8％と、とてもさびしい状況といえます。

京都リカレントステイの受講者の感想からもわかる通り、中高年社員が定年後の自走人生に向けて一歩踏み出すために、リカレント教育はとても重要なプログラムになりえます。

リカレントが会社員一人ひとりの自己研鑽とするならば、取り組みやすい環境をつくるのが、企業の役割といえるでしょう。

国がリカレント教育に舵を切った現在、ミドル・シニア層を抱えるすべての企業に、スピード感をもって「リカレント休暇」の創設をお願いしたいものです。

## 人生100年時代の「生き方モデル」

2020年4月、定年後研究所とニッセイ基礎研究所の共同研究による「未来の労働市場変化と適応方策に関する調査研究」を発表しました。

その中で、ニッセイ基礎研究所主任研究員の前田展弘氏は、まだ誰も経験したことのない、人生100年時代をどのように働き続けていくか（活躍し続けるか）について、モデルを提示しています。

1　一般的な65歳定年まで勤めあげる「従来型単線モデル」
2　70歳までの就業機会を現状維持で延長する「従来型単線の延長モデル」
3　活躍の場を社外に求め仕事の中身・性質を変えていく「生計就労から生きがい就労への移行モデル」
4　若い時から様々なキャリア形成を実践する「マルチキャリア流動モデル」

ここでいう「生計就労」とは、生計のための経済的な側面を重視した働き方であり、「生きがい就労」とは、働きがいや暮らしがいなど経済以外の側面を重視した働きがいを指します。

## 生き方・活躍のしかたの4つのモデル

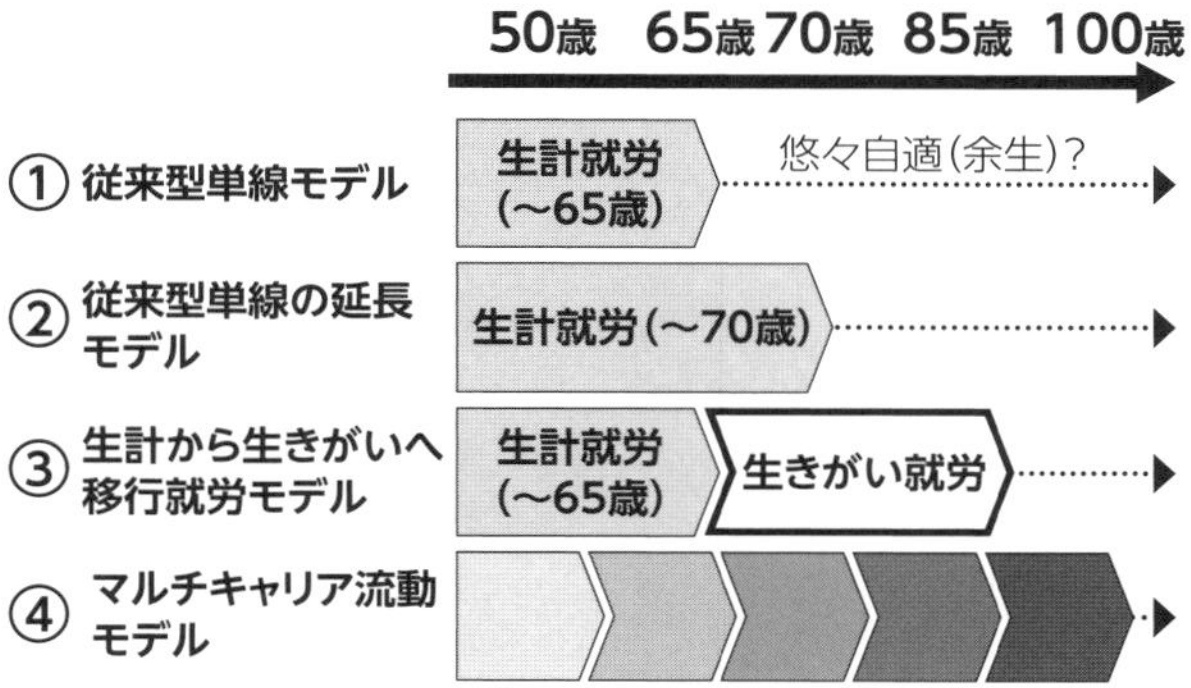


定年後研究所・ニッセイ基礎研究所 共同調査
『未来の労働市場 変化と適応方策に関する調査研究』より
（ニッセイ基礎研究所 前田 展弘主任研究員作成をもとに著者加筆）

昭和から平成にかけては、会社員はがむしゃらに働いて、稼いで貯蓄に励み、夢のマイホームを手に入れ、無事定年を迎えるというパターンが一般的でした。つまり、「生計就労」だけがあればよかったのです。ところが、定年後の人生が20年から30年以上になってくると、「生計就労」一辺倒というわけにはいきません。

「65歳までは生計のための就労、その後は85歳くらいまでは生きがいのための就労に従事するモデルが理想。65歳からは体力や能力に合わせて、仕事量をダウンサイジングしていくのです」

前田氏はこう言って、「生計就労」から「生きがい就労」へ移行しながら、生涯現役で活躍することを推奨しています。

この章の前半で紹介してきた自走人生を実践する人たちは、「生きがい就労」を実践している人たちと言えるでしょう。

## 時代のキーワードは「自助」「自走」

ところで、理想の人生モデルを実現するために大切なことは、次のキャリアや活躍の場を求める際に、どんな支援（サポート）が利用できるかが、カギになります。

前田氏は、会社員のリタイア層を3つのグループに分けています。

Aグループ……経営者や有資格者など高いキャリア・専門スキルを持っている人たち
Bグループ……普通のシニア会社員
Cグループ……経済的に困窮している人たち

Ａグループの人たちは、民間人材派遣会社などを通じて比較的次のキャリアに移行しやすい環境にあります。Ｃグループの人たちは、ハローワークなど社会インフラを通じて就労を目指すのが一般的でしょう。

問題はＢグループの人たちです。

「普通のシニア会社員の多くは、自らのネットワーク（コネ）で次のキャリアを見つけているのが現状です。生涯現役社会が志向されながらも、社会的なサポートは、ほぼ不在（空洞化）と言える状況なのです」

前田氏はこのように警鐘を鳴らしています。

Ｂグループの人たちにとって、何かしたくても、次の活躍場所を見つけられない「定年後難民は他人事ではない」という認識が必要です。

令和の時代を迎えて、世の変化はますますスピードアップしています。とくに日本の労働市場では、少子高齢化社会、ソサエティ５００時代の到来などで、働き方にも新しい波が押し寄せています。加えて想定外のコロナ禍で、一気にテレワークなど働き方のスタイルも変わりつつあります。

まさしく、だれも経験したことのないような激動の時代です。

こうした激動の中、本来なら、勤務先の人事・福利厚生制度や国の法律や支援制度などに頼らなければならない面も多いでしょう。

しかし、そういった「外的要因」が整うのを待っていたら、本当に乗り遅れてしまうかもしれません。筆者の苦い経験からも、「ヒトはあまり動きたがらない生き物」です。頭では「なるほど、やらねば」とわかっていても、行動は起こしません。「今は忙しいから」「まだ早いのでは？　周囲が動き出すまで待とう」などと自分の中で言い訳をして、結局、何もしない……という人が私を含めて、大多数なのが現実です。

厚生労働省が行った「能力開発基本調査（平成30年度）」によると、労働者に与えられる「教育訓練休暇制度」について、「勤務先の制度を利用したことがある」労働者は1・8％にすぎず、57・2％は「勤務先に制度があるか分からない」というのが現実なのです。

もっとも、同調査によると、この休暇制度の導入企業が9・4％にとどまっていることこと自体が大きな課題なのですが、いずれにしろ、6割に近い労働者が「休暇制度の有無」に無関心で、自分事として捉えていないというのも残念です。

「あなたの理想の生き方は？」

この問いに対する答えは、一人ひとりの考え方や人生観そのものと言えるでしょう。自分自身が主体性を持って考え、決断していかなければならない領域です。まずは、ここから「一歩踏み出す」ことからはじめてみませんか。

奇しくも、第99代目の内閣総理大臣に就任した菅義偉《よしひで》氏は、就任直後に「自助・共助・公助、そして絆」という理念を掲げました。

生きがい就労、理想の人生を実現するためには、何よりも、まずは早めの自助努力、すなわち、「自走」することが求められている時代なのです。

# 5章

# 「自走人生」に備える

## ――50代からのマネープラン

## 「老後資金2000万円問題」が落とす影

さて、自走人生を生きるにしても、そうでない生き方を選ぶにせよ、定年後を生きていくには一定のお金が必要です。

昨年、耳目を集めた言葉の一つが「老後資金2000万円問題」。金融庁の金融審議会「市場ワーキング・グループ」が公表した報告書を発端としたもので、定年後の老後を年金だけで暮らしていくには、2000万円が不足しているというわけです。

「2000万円足りないから何とかしろと言われても……」

これにはシニア層のみならず、ミドル層にも困惑が広がりました。

報告書の内容をざっと紹介すると、総務省の「家計調査」（2017年）における高齢夫婦無職世帯（夫65歳以上、妻60歳以上）の収入、支出などのデータ（平均）をもとに算出したものです。このデータによると夫婦2人暮らしで毎月5・5万円が赤字になり、その状態で30年暮らすとすれば、

月5・5万円×12か月×30年＝1980万円

つまり、約2000万円の赤字となるため、その分は自力で用意する必要がある、という話です。

もちろん、あくまでもモデルケースであり、各世帯のライフスタイルや考え方は多種多様ですから、一概に当てはまるわけではありません。逆の見方をすれば、支出部分、食料や教養娯楽、その他の消費支出などを切り詰めて、収入の範囲内で生活すれば2000万円は必要ないとも言えます。

ただ「2000万円」という数字のインパクトが強く、この数字だけ独り歩きして、国民を不安に陥れたわけです。

まして、人生100年時代など、まだ誰も経験したことがありません。不安に拍車がかかるのも当然でしょう。

この報告書が出た直後に、定年後研究所では40～64歳の現役会社員を対象に「70歳定年に関する調査」を実施しました。その中で自身が思い描いているセカンドライフの理想の実現に対して、悲観的にとらえる人が半数近くにのぼりました。

「65歳時点で老後の蓄えが十分にできていると思えない」

## 高齢夫婦無職世帯の家計支出（2017年）

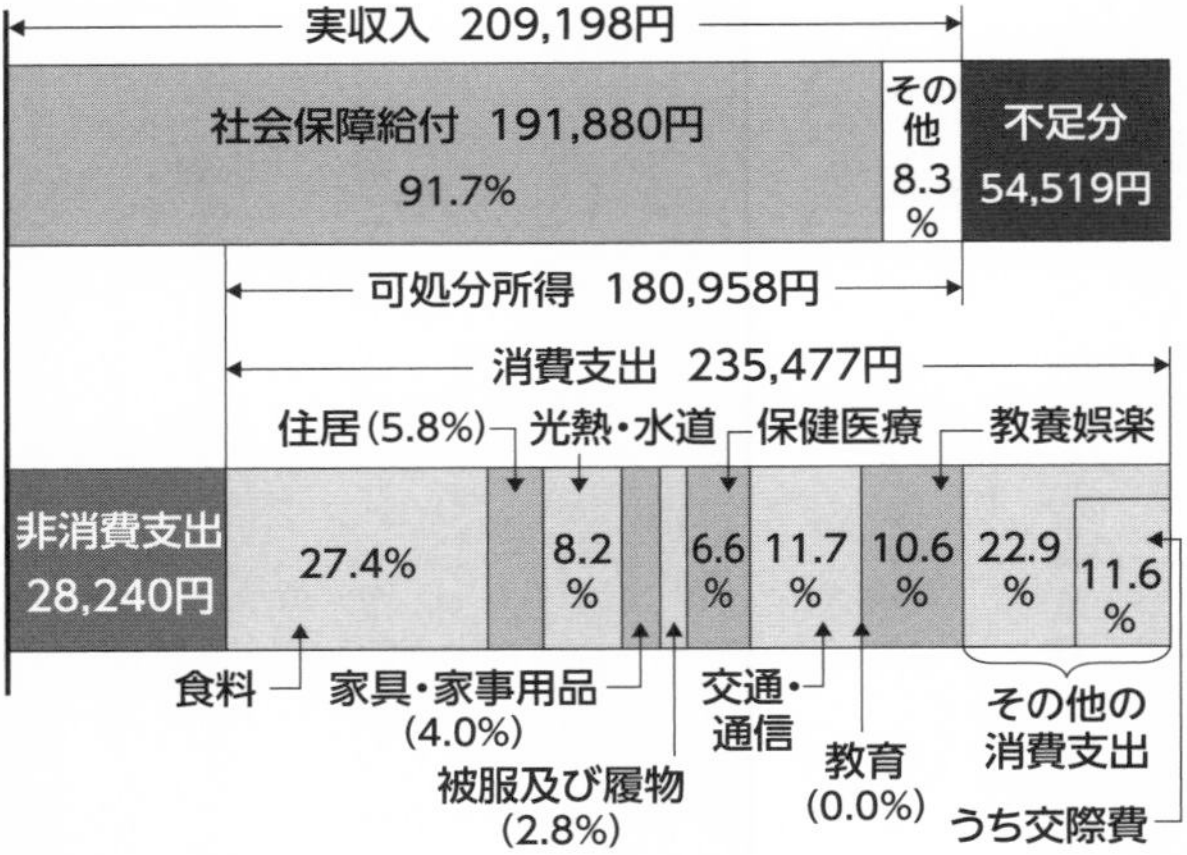


注）
1　高齢夫婦無職世帯とは，夫65歳以上，妻60歳以上の夫婦のみの無職世帯である。
2　図中の「社会保障給付」及び「その他」の割合（%）は，実収入に占める割合である。
3　図中の「食料」から「その他の消費支出」までの割合（%）は，消費支出に占める割合である。

出典：総務省「家計調査」2017年

「年金だけでは十分ではないので、年金に加えて安定した収入が必要」

「たとえ老後の蓄えがあったとしても、65歳以降も安定的な収入があった方がいい」

　このように、お金に関する理由が目立ちました。

　もちろん、人によって事情は異なるでしょうが、平均的な会社員生活を送ってきた人たちにしては、ちょっと過剰に心配している気さえしました。

この調査は金融庁の報告書の本来の内容とはあまり関係のない論点で行ったものでしたが、あれだけ世の中が「老後のお金不安」一色に染まってしまうと、調査回答への一定の影響もあったのではないでしょうか。

こうした悲観的な捉え方は、思い描く「自走人生」願望を阻害する要因になってしまっては元も子もありません。

世間の声、風潮に振り回されないためにも、正しい情報、知識を身につけて、セカンドライフに備えたいものです。

## 老後のマネープランを考えるきっかけに

「老後資金2000万円問題」が明るみになってから（衝撃が広がったため、政府は報告書自体を受け取らず、かえって話題は広がってしまいました）、ちょうど還暦を迎えた男女約3000人に対し、「セカンドライフの不安やリスク」に関するインタビューを行う機会がありましたが、そこでは、やはりお金に関する不安の声が上がっていました。

「定年後のセカンドライフの一番の不安は収入面です。65歳までは継続雇用制度を利用するので、給与収入はありますが水準は大きく下がります。この他にどんな収入があるか知りたいです」

「4人目の末子が就職したので、家計が少し楽になり、ようやく貯蓄ができるようになりそうです。無駄遣いを減らして、少しでも貯蓄に回せるように。ただ、それだけで足りるか不安ですが……」

「夫婦ともに元気なうちは、旅行や趣味に時間とお金を費やして楽しみたいという気持ちはあります。ただ、83歳の母親のことを考えると、今後は『同居』も考えないといけません。いろいろなことを相談できる先があったらいいと思います」

テレビでも、さまざまな分野の専門家が入れ代わり立ち代わり登場し、それぞれの専門分野の立場から「老後資金2000万円問題」について語るという光景がしばらく続きました。

それだけ世間の関心も高かったわけですが、逆に情報が多すぎて、消化しきれなかった人も多かったのではないでしょうか。

その結果、個人（世帯）のマネープラン（家計設計）を考えていた人にとっては、本来プランニングに必要な情報にたどり着く前に、他の分野の情報で振り回されてしまった心配もあります。

そして、そのような人たちにとっての「老後資金2000万円問題」は、いったい何だったのでしょうか。「これまでも抱えていた不安が、より一層大きくなってしまった」では、ミスリードになってしまいます。

私はインタビューに答えていただいた皆さんに、こう語りかけました。

「『老後資金2000万円問題』は、自分自身のことを見つめて考える良いきっかけを提供してくれました。社会全体のことを知ることは、『私の場合はどうかな』という自分への興味につながります。

それを、これまで『面倒くさい』『忙しいから』と後回しにしてきた老後のマネープランに取り組む行動につなげてください」

老後のお金や自らのマネープランはついつい、後回しになりがちです。今風にいえば、

「不要不急」です。しかし、あの騒動のおかげで少なくとも、ミドル、シニア世代が老後のマネープランを真剣に考えるきっかけになったとすれば、その意味では意義があったとも言えるのではないかと思うのです。

## 「逆算力」が老後資金不安を救う

老後のマネープランを考える上で大事なのが、「逆算力」です。

私がこの言葉に出会ったのは『資産寿命を延ばす逆算力』（シャスタインターナショナル発行）という本でした。著者は鈴木ともみさんで、経済キャスターとして、テレビやラジオで経済や株式のニュース番組を担当している方です。実は私も『小島・鈴木のダイバーシティ・プラットフォーム』（ラジオＮＩＫＫＥＩ）というラジオ番組でご一緒させていただいたことがあります。

鈴木さんはこの著書の中で、「老後資金２０００万円」という言葉を生むきっかけとなった報告書をまとめた金融審議会市場ワーキング・グループのメンバーである中野晴《はる》啓《ひろ》氏（セゾン投信社長）の話を次のように紹介しています。

「報告書は、２０００万円が絶対必要だとは断言していません。ライフスタイルによってはそうなる可能性がある、ということを指摘しているだけです。大切なのは、自分のライフプランをしっかりと想定し、そこから必要な資金を逆算し、資産運用などによって早い段階から蓄積していくこと」

鈴木さんもこの「逆算」に着目し、「逆算力を身につける」ことを提唱しています。

「何から逆算していくのか？　資産寿命という観点で見れば、老後の生き方、過ごし方からです。自分の思い描く老後の生き方がある、こんな生活をしたい、これがやりたい。だからこれだけのお金が必要になる。必要なお金がどのくらいなのかがわかれば、その必要なお金をどのように作っていくべきか自ずとみえてきます」

つまり、「老後はどう生きたいのか」というプラン（目的）から逆算しながら、今必要なこと、今からなすべきことを「割り出していく」のが、鈴木さん流の「逆算力」です。

老後のマネープランとは、ライフプランに他ならないのです。

「お金は使われて初めて価値が生まれる」

ライフプランニングの考え方では、よくこう言われます。何に使いたいか、何をしたいかという「お金の使途目的」があって、その目的がどの程度達成できたのか（満足度）が、「お金の価値」になるという考え方です。

この場合、「貯蓄や投資」という資金運用は、目的達成のための「手段」になるということです。

シニア層の中には、「いかに殖やすか」だけに目が奪われ、「いかに遣うか」がおろそかになっている人が意外と多いようです。あたかも「1円でも多くなければ不安は無くならない」と自分自身に呪いをかけているが如くです。

鈴木さんも、「呪いの思考をやめて、自分の本当に求める未来に向かっていく」ことを、この著書の中で勧めています。

## 我が家の「損益計算書」を作ってみよう

「前置きはいいから、早くお金の貯め方、殖やし方を教えてよ」

そんな声が聞こえてきそうですが、いわゆる資産運用術（投資術や「裏ワザ」）についてこの本で言及するつもりはありません。

そうしたことに普遍的な正解はありませんし、時代状況によっても変化が激しいものです。ですから、投資の深い知識を得たい方は、今はさまざまな本も出ていますし、ネットやセミナー等で得られる情報も多種多様にありますから、そうしたものの中から自分に合うものを見つけていただきたいとだけ言っておきます。

一つだけ言えるのは、いわゆるおいしい話に飛びついて、長年かけて積み上げた老後資金を無駄に失うことのないように気をつけてくださいということです。

では、マネープランと言って何を語るのかということですが、私が知る限り、50代以降の現役の方で、マネープランというものを実際に描き、行動している人が意外に少ないということがまずあります。

お金に関する現在の自分の状況の把握、そして将来の予測。簡単に言えば、この二つを「見える化」してあげる。そうするだけで、「いつ、どうなる」という今現在から老後に至るまでのマネー状況が見えてきます。そこに「どう暮らしていきたいか」を加味した上で、「では、いつ、何をしなければならないか」というマネープランも自ずと見えてくるはずです。

それでは、その手順を説明していきましょう。これは、私がもう25年以上お付き合いいただいているファイナンシャルプランナーの浅井秀一さん（ストックアンドフロー代表取締役）から学んだマネープラン作成法です。

老後のマネープランと聞くと、株式投資などの資産運用のことを思い浮かべる人もいるかもしれませんが、先述の通りここではそれには触れず、まず「家計」について考えていきたいと思います。

まず、家計とは何かというと、単純にそれぞれの家庭の収入と支出です。この二つで成り立っているものです。

単純に収入が支出を上回っていれば黒字、下回っていれば赤字です。黒字分は貯蓄に回せますし、逆に赤字部分は貯蓄を取り崩して補填します。会社員の場合、収入は給料

### 家計は『収入』と『支出』で成り立っている

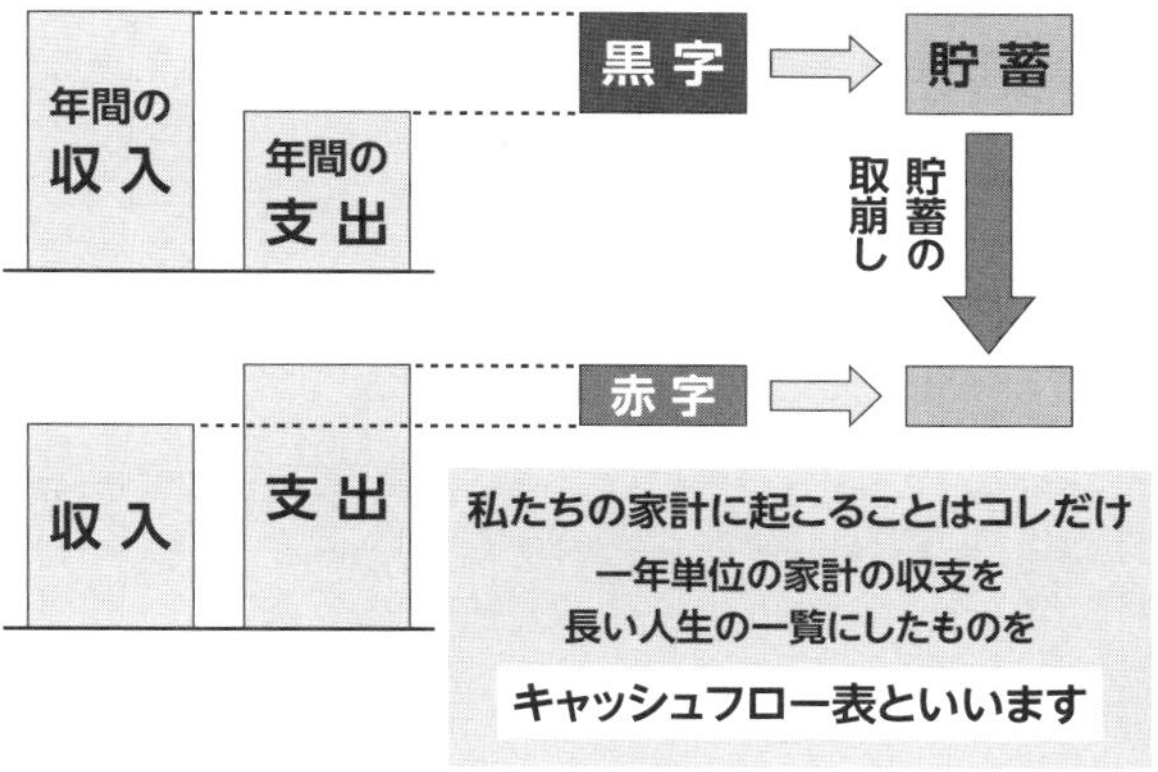
年間の収入
年間の支出
黒字
貯蓄
貯蓄の取崩し
赤字
収入
支出
私たちの家計に起こることはコレだけ
一年単位の家計の収支を
長い人生の一覧にしたものを
キャッシュフロー表といいます

であり、支出は生活費です。

まずはこの家計の現状把握をしていくことがマネープランの出発点です。

私は現状の家計について尋ねる際、次の3つの質問をします。

Q1　昨年の年収はいくらでしたか？

Q2　昨年の手取り年収はいくらでしたか？

Q3　昨年1年間でどのくらいお金を使いましたか？

Q1に関してはどなたも即答できるで

## 可処分所得を計算する方法（源泉徴収票）

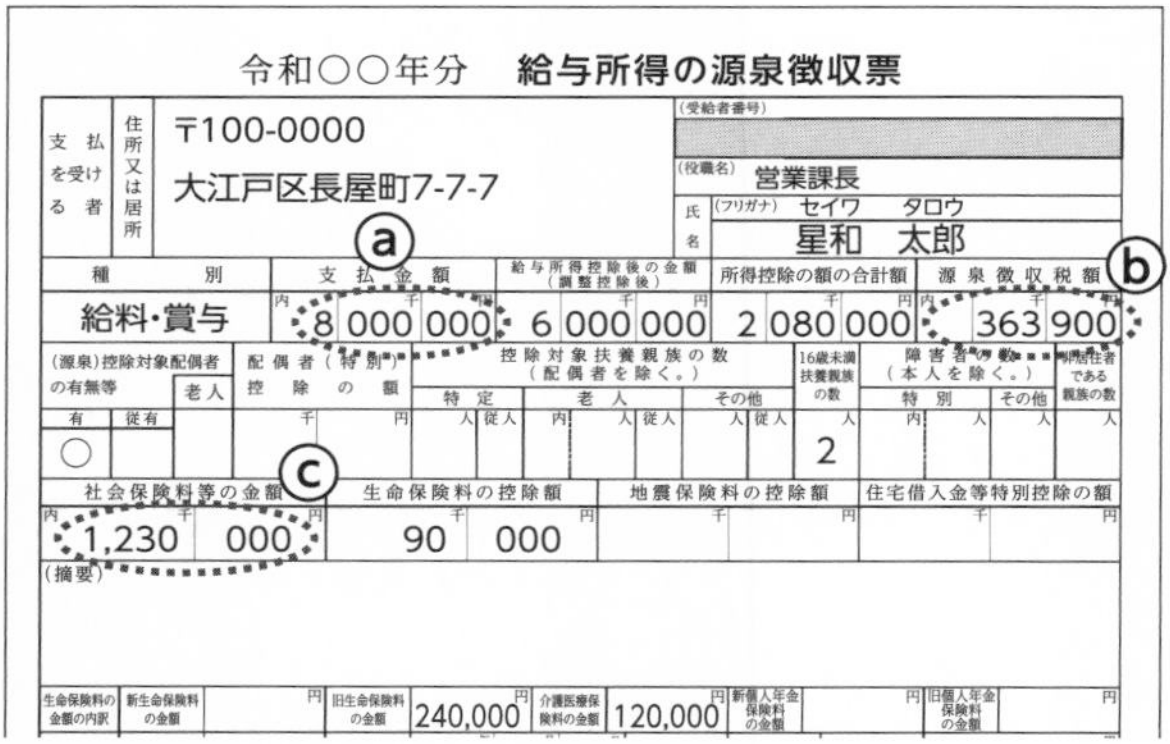
令和○○年分　給与所得の源泉徴収票

支払を受ける者　住所又は居所　〒100-0000　大江戸区長屋町7-7-7

(受給者番号)

(役職名)　営業課長

氏名　(フリガナ)　セイワ　タロウ　星和　太郎

| 種別 | 支払金額 ⓐ | 給与所得控除後の金額（調整控除後） | 所得控除の額の合計額 | 源泉徴収税額 ⓑ |
|---|---|---|---|---|
| 給料・賞与 | 8 000 000 | 6 000 000 | 2 080 000 | 363 900 |

| (源泉)控除対象配偶者の有無等 | 配偶者(特別)控除の額 | 控除対象扶養親族の数（配偶者を除く。） | 16歳未満扶養親族の数 | 障害者の数（本人を除く。） | 非居住者である親族の数 |
|---|---|---|---|---|---|
| 有 ○ | | | 2 | | |

| 社会保険料等の金額 ⓒ | 生命保険料の控除額 | 地震保険料の控除額 | 住宅借入金等特別控除の額 |
|---|---|---|---|
| 1,230 000 | 90 000 | | |

(摘要)

| 生命保険料の金額の内訳 | 新生命保険料の金額 | | 旧生命保険料の金額 | 240,000 | 介護医療保険料の金額 | 120,000 | 新個人年金保険料の金額 | | 旧個人年金保険料の金額 | |
|---|---|---|---|---|---|---|---|---|---|---|

しょう。Q2に関しても半分の人は把握しているのではないでしょうか。

手取り年収とは言うまでもなく、給料（上記a）から税金（同b）や社会保険料（同c）などを差し引いた額で、不明な人は源泉徴収票をみればわかります。住民税については、特別徴収税額通知書で確認できます。現状把握や資金設計を考える時には年収（税込）よりも手取り収入の方が重要になってきます。Q3の年間総支出額については、家計を奥様にまかせっきりの人はわからないかもしれませんね。

この3つの数字を把握するために、あなたの家の決算書を作成してみましょう。

決算では年収（P188上段表の①）から税金や社会保険料などの公的負担（同②）の合計を引いた手取り年収を「可処分所得」（同③）と言います。いわば、自分で自由に使えるお金です。

そして、可処分所得から年間総支出金額（同④）を引きます。その差額が年間の収支ということになります。

この一連の作業の中で、厄介なのが年間総支出額の算出。というのも年間を通じて、どこの家庭でも何に使われたのがわからない、お金があります。いわば、使途不明金（その他の支出）です。

この「使途不明金」があると、食費や光熱費、外食代など、使った金額を足し算していく方法では、算出できません。中にはこの段階でギブアップしてしまう人もいますが、ここは発想の逆転で、可処分所得から黒字分を先に引き算してしまうのです（P188下段表）。

そうすれば、自ずとその答えが年間総支出額になるわけです。当然、その中には使途不明金が含まれるわけですが、大事なのは年間総支出額、つまり我が家の家計から出て

## 家計の決算書のイメージ図

●「家計の決算書」の例（個人版／損益計算書）

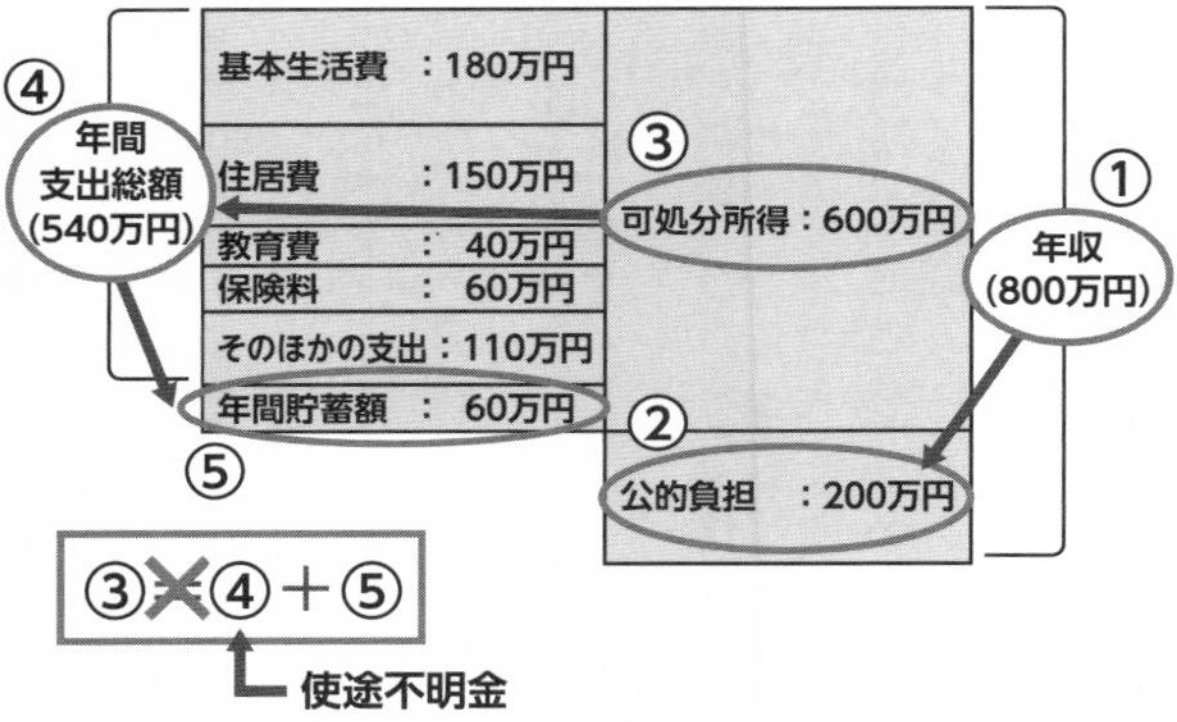


## 家計の決算書のイメージ図（引き算方式）

●「家計の決算書」の例（個人版／損益計算書）

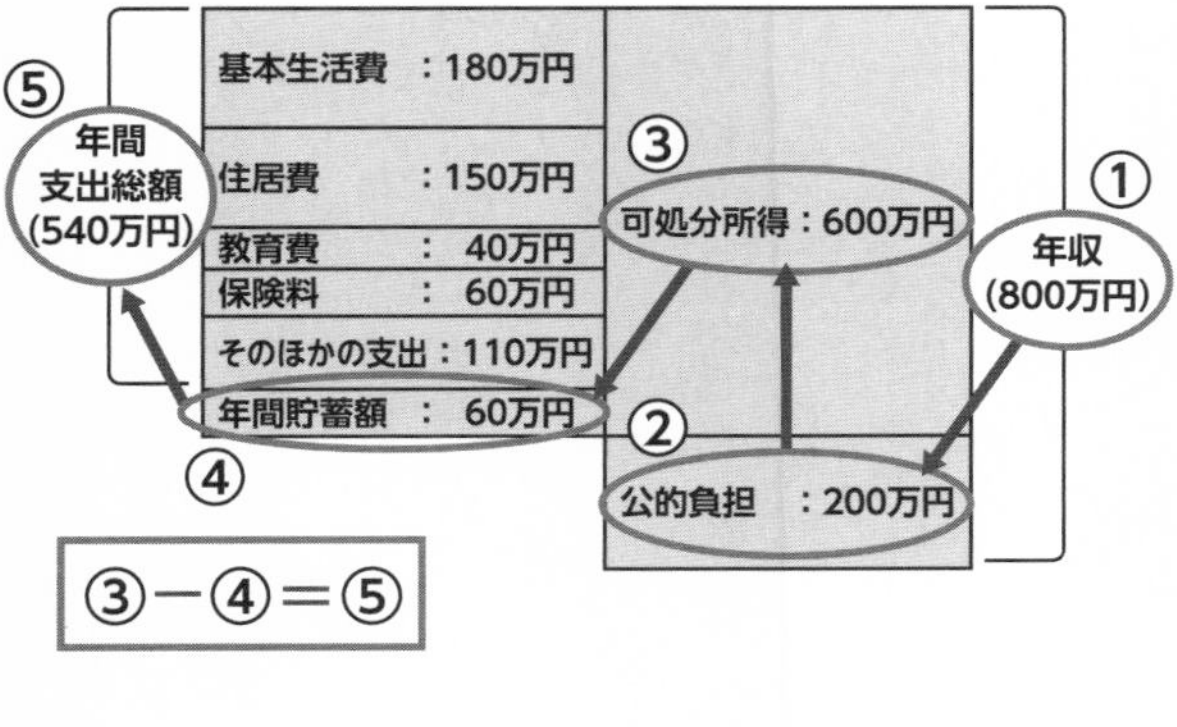

行った金額を知ることなので、問題はないはずです。もちろん、わかっている支出を引き算で出てきた年間総支出額から引けば、使途不明金も計上できます。

これがその家の決算書になります。シンプルですが、考え方や仕組みは、企業の収益、費用、利益を表した決算書類のひとつである「損益計算書」と同じ。いわば「個人版の損益計算書」です。

これによって、1年間のわが家の「収支状況はどうだったのか」「わが家の決算は黒字だったのか、赤字だったのか」などが確認できます。

最初はざっくりでも構いませんので、まずはトライしてみましょう。

## 個人版バランスシートを作ってみよう

損益計算書は、一定期間の「お金の流れ（フロー）」を把握し、その結果として我が家の会計が「黒字または赤字」を確認するものです。したがって、損益計算書を作成してわかることは「フローのお金」ということになります。

そして家計ではもう一つ「ストックのお金」があります。こちらは貯蓄、つまり資産です。

「フローのお金」と「ストックのお金」の関係は密接です。たとえば、1年間の「フローのお金」の結果が、「60万円の黒字」だったとします。するとこの60万円は、次の年からは「ストックのお金」となり、わが家の貯蓄が60万円増えたことになるわけです。

逆にフローのお金が「赤字」であった場合は、貯蓄から取り崩すことになり、ストックは減ることになります。

家計は単純です。この収入や支出のフローのお金と、その差額として生じる黒字、赤字によって増減するストックのお金、我が家の会計で起きている現象はこれだけのことなのです。

そして私たちの長い人生では毎年、これが繰り返されているのです。

さて、ストックを知ることはある時点での我が家の資産について、「どんな資産が、どこにあるのか」「その価値（時価）はいくらなのか」などを把握できます。それが個人版の「バランスシート（貸借対照表）」です。

このバランスシート作成にあたっては、まずは、プラスの財産（資産）とマイナスの財産（負債）の状況を確認します。洗い出す資産および負債は次のとおり。できるだけモレのないようにしたいものです。

①定期を含む預貯金、国債などの債券、社内預金、財形貯蓄などの「貯蓄型資産」の残高
②株式、投資信託、外貨建商品などの「投資型資産」の時価
③不動産（土地、建物）、自動車、金地金などの「実物資産」の時価
④その他（貯蓄タイプの生命保険など）解約返戻金などの試算金額
⑤負債（住宅ローンなど）の残高

資産のうち①と②は、「金融資産」であり、短期に現金化が可能な「流動資産」とも呼ばれます。③の「実物資産」は、不動産に代表されるように、短期の現金化が難しい「固定資産」。④の貯蓄性生命保険（養老保険、終身保険、個人年金保険など）は、金融商品ではありますが、解約返戻金や満期保険金などの時価形成に相当の期間を要するた

## 家計の決算書をつくってみよう（貸借対照表）

| | | | | 記入例 | ご自身の金額（記入欄） |
|---|---|---|---|---|---|
| 資産 | 貯蓄型商品 | 現金・普通預貯金 | | 20万円 | 万円 |
| | | 定額預貯金 | | 300万円 | 万円 |
| | | 債権（国債など） | | 100万円 | 万円 |
| | | 社内預金 | | 0万円 | 万円 |
| | | 財形貯蓄 | | 200万円 | 万円 |
| | | その他 | | 0万円 | 万円 |
| | | 以上小計（A） | | 620万円 | 万円 |
| | 投資型商品 | 株式など（個別銘柄） | | 0万円 | 万円 |
| | | 投資信託 | 国内株式型 | 50万円 | 万円 |
| | | | その他 | 40万円 | 万円 |
| | | 外貨建て商品 | 外貨預金 | 10万円 | 万円 |
| | | | 外国債券など | 0万円 | 万円 |
| | | 以上小計（B） | | 100万円 | 万円 |
| | （C）金融資産合計（A+B） | | | 720万円 | 万円 |
| | 実物資産 | 不動産 | 自宅 | 4,000万円 | 万円 |
| | | | その他 | 0万円 | 万円 |
| | | その他（金地金、車など） | | 100万円 | 万円 |
| | | 以上小計（D） | | 4,100万円 | 万円 |
| | 生命保険 | | 円建て | 180万円 | 万円 |
| | | | 外貨建て | 0万円 | 万円 |
| | 以上小計（E） | | | 180万円 | 万円 |
| | （F）資産合計（C+D+E） | | | 5,000万円 | 万円 |
| 負債 | 住宅ローンなど（残高） | | | 1,800万円 | 万円 |
| | その他のローン（残高） | | | 0万円 | 万円 |
| | 負債合計（G） | | | 1,800万円 | 万円 |
| （差し引き）純資産残高（F—G） | | | | 3,200万円 | 万円 |

め、普通は「固定資産」に分類されています。

当然、いま保有している貯蓄や投資の残高が多ければ、セカンドライフの資金面も安心できます。逆に住宅ローンなどの負債残高が多いと、退職金などでの一括返済を余儀なくされ、経済的に厳しい状況となるかもしれません。

個人版の「損益計算書とバランスシート」で、フローとストックのお金の現状をしっかりと把握しておくことが大切です。

## 決算の「見える化」が生涯設計の第一歩に

さて、これまで損益計算書と貸借対照表の作り方、その切っても切れない関係などについて紹介してきましたが、実際に我が家の決算書を作ってみると、いろいろなことが見えてきます。

「去年は意外とお金を使ったなぁ」

「思っていたより貯蓄ができた」

## 必要となる3つの行動

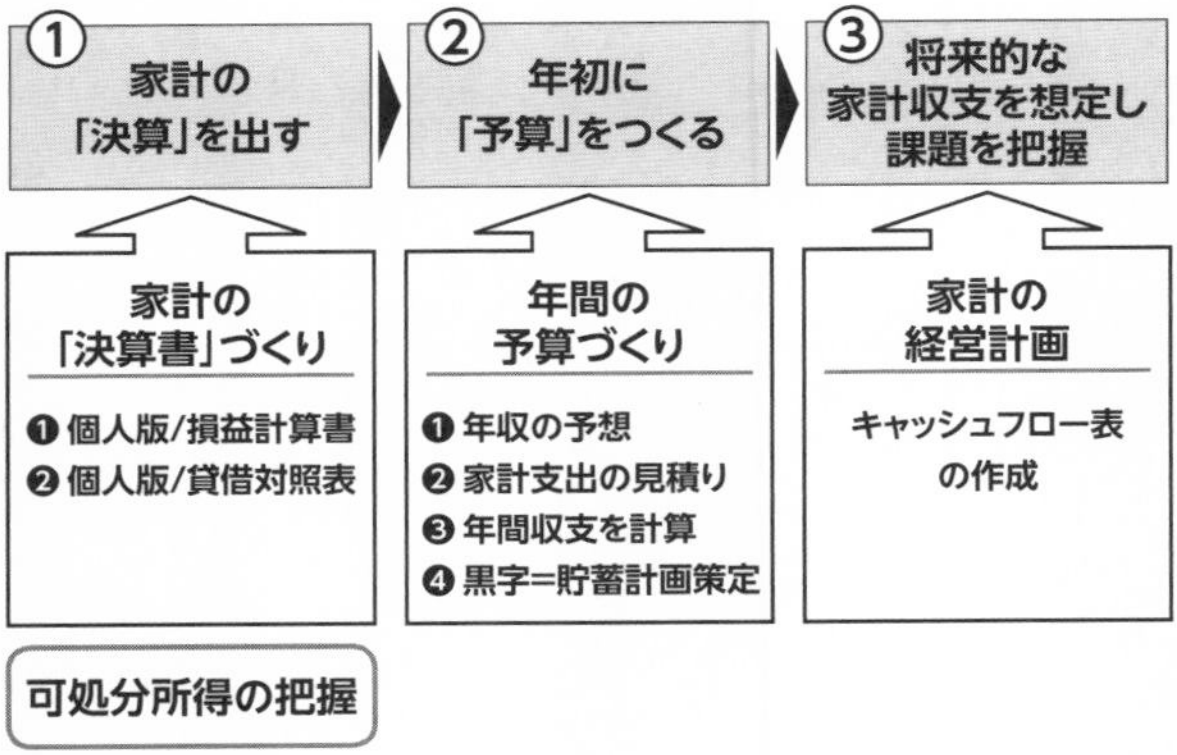


損益計算書を眺めていると、こんなふうに気づくことも多いはずです。また、

「もう少し、外食費を減らせば、貯蓄に回せるなぁ」

「家族分、格安スマホに乗り換えれば、通信費は浮く。その分で、家族旅行ができるかも」

「来年は使途不明金をもっと減らすようにしよう」

といった改善点や楽しいアイデアも生まれます。決算書をつくると、わが家の家計を〝見える化〟することができるのです。

それまで家計にあまり興味がなかった人でも、一度作ってみると、マネーにおいて不可欠なものであることが実感できるでしょう。

定年後研究所が企画し提供している「百年ライフプラン研修」で、マネー分野の研修テキスト『マネープランを考える』の監修者でもある浅井秀一さんは、家計の経営計画の重要性を次のように指摘しています。

「人生100年時代が現実のものとなりつつありますが、そこで問題となるのが『健康とお金』です。寿命の延びは、退職後人生の長期化と同じことです。将来的なライフプラン（いきがい）を真剣に考えて、それが実現できるようなマネープランを作成し、実行することが重要になっています」

浅井氏はそのためには個人でも、国や企業のように毎年決算書を作成して、年初には予算をつくり、中長期的なわが家の経営計画を策定することを推奨しています。

それを「生涯設計のための3つの行動」とし、その中でも家計の決算はその出発点と位置付けています。

出発点が「見える化」されることで、次のステップである予算化や将来的な家計の経営計画作成がスムーズにできるようになるわけです。

## 50歳以降の家計のポイントは「収入」

70歳まで働ける環境を整備する「改正高年齢者雇用安定法」では、70歳まで継続雇用のほか、他の会社への再就職、起業やフリーランス、さらには社会貢献活動に従事など、選択肢が増えました。すなわち、これまで以上に多様な生き方が示されるわけです。

もちろん、50歳以降、早期退職して独立したり、定年を迎えてスパッとリタイアする人もいるでしょう。一方、起業やフリーランス、社会貢献活動などは70歳を過ぎても継続できる仕事です。

シニア以降のマネープランを考える上でも、その働き方やライフスタイル、家族構成、さらには自分のやりたいことによっても大きく変わってくるわけです。

それでも、マネープランを考えたとき、結局、「収入」と「支出」、この2つしか要素はなく、その差が黒字か、赤字かしかありません。

会社員の場合、現役時代の収入に関しては、ほぼ1年単位で毎月、定期的に入ってきます。皆さんも若い時など、お金を使い過ぎて、給料日前にお金がなくなり、ごはんにマヨネーズをかけて空腹をしのいだ……などという経験があるのではないでしょうか。それでも何日かすれば給料が入ってくるので、悲惨な話ではなく、笑い話になります。

その点、自営業だった人はそれまでも収入が一定でないことが普通なので、耐性は強いようです。定期的に勤労収入があった身から、リタイアして収入が途絶えることは想像以上にショックのようです。

それはともかく、マネープランを立てる上で大事なのは、60歳以上の収入を把握しておくことです。

60歳からの継続雇用の場合、概ね、60歳のときから収入は7～5割減になるのが一般的なようです。また70歳まで継続雇用が延長された場合は、あくまでも想定ですが、5～3割減が妥当な線といわれています。

それでも、定期収入があれば、計算ができるので、マネープランをつくるうえでは助けとなるでしょう。

表（196頁）は50歳以降の収入の道筋を示したものです。表内にある高年齢雇用継続基本給付金というのは、60歳到達時点と比べその後の賃金が低下した場合に給付され

## 50代以降の家計のポイント

50代前半 ＞ 50代後半 ＞ 60代前半 ＞ 60代後半 ＞ 70代以降

**給与収入**
**（勤労定期収入）**

**（在職老齢年金）**
**老齢年金**

高年齢
雇用継続
基本給付金

＊65歳迄の雇用義
務化の定着に伴い
縮減・廃止の方針

**退職金・企業年金**

○住宅ローン控除恩恵あり
=税負担軽減
⇒控除期間終了で負担増に注意
○特定扶養控除の恩恵あり
（19歳以上23歳未満の控除額63万円）
⇒子ども独立（就職）とともに
控除無に（63万円→0円）
●教育費の負担が大きい時期
⇒いつ負担から解放されるのか
●住宅ローン返済の負担もあり
⇒残債額の推移をウオッチ
（繰上返済の検討?）
●親の介護問題が本格化し始める
時期でもある
⇒親が遠隔地の場合
=地域包括支援センターは?
⇒親の資産（預金）の把握、確認

●定期収入が無くなる
⇒貯蓄取崩しの時代に?
○65歳以降70歳までは、
働いて厚生年金に加入
する場合は、厚生年金
保険料の負担あり
⇒在職老齢年金の対象に
○健康保険は75歳以降は
全員「後期高齢者医療制
度」
⇒それまでは、現役時代
の健保の「任意継続」
「特例退職」被保険者
制度適用、もしくは国
民健保など。

## A 60歳で定年退職して、再雇用制度で会社に残り、65歳まで働く想定

### 50代以降の「収入」想定シート

| | 50歳～54歳 | 55歳～59歳 | 60歳～64歳 | 65歳～ |
|---|---|---|---|---|
| ①給与 | 600万円 | 510万円 | | |
| ②退職金 | | | 2,000万円 | |
| ③再雇用後の給与 | | | 360万円 | |
| ④年金 | | | | 240万円 |
| ⑤配偶者の収入 | 90万円 | 90万円 | | |
| 収入計 | 690万円 | 600万円 | 2,360万円 | 240万円 |

### 50代以降の「支出」想定シート

| | 50歳～54歳 | 55歳～59歳 | 60歳～64歳 | 65歳～ |
|---|---|---|---|---|
| ①基本生活費 | 200万円 | 200万円 | 140万円 | 140万円 |
| ②住居費 | 150万円 | 150万円 | 150万円 | 50万円 |
| ③教育費 | 140万円 | | | |
| ④保険料（生命保険料等） | 40万円 | 40万円 | 40万円 | 40万円 |
| ⑤その他の支出 | 100万円 | 100万円 | 80万円 | 70万円 |
| 支出計 | 630万円 | 490万円 | 410万円 | 300万円 |

※シートの金額は想定イメージです。

## B 60歳で定年退職して、別の仕事に就き 65歳まで働く。再就職により年収は減る想定

### 50代以降の「収入」想定シート

| | 50歳～54歳 | 55歳～59歳 | 60歳～64歳 | 65歳～ |
|---|---|---|---|---|
| ①給与 | 600万円 | 510万円 | | |
| ②退職金 | | | 2,000万円 | |
| ③転職後の給与 | | | 300万円 | |
| ④年金 | | | | 240万円 |
| ⑤配偶者の収入 | 90万円 | 90万円 | | |
| 収入計 | 690万円 | 600万円 | 2,300万円 | 240万円 |

### 50代以降の「支出」想定シート

| | 50歳～54歳 | 55歳～59歳 | 60歳～64歳 | 65歳～ |
|---|---|---|---|---|
| ①基本生活費 | 200万円 | 200万円 | 140万円 | 140万円 |
| ②住居費 | 150万円 | 150万円 | 150万円 | 50万円 |
| ③教育費 | 140万円 | | | |
| ④保険料（生命保険料等） | 40万円 | 40万円 | 40万円 | 40万円 |
| ⑤その他の支出 | 100万円 | 100万円 | 80万円 | 70万円 |
| 支出計 | 630万円 | 490万円 | 410万円 | 300万円 |

※シートの金額は想定イメージです。

## C 55歳で早期退職。退職金は割増になるが、その後の年収は減る、60歳で年収減になるが65歳まで働く想定

### 50代以降の「収入」想定シート

| | 50歳〜54歳 | 55歳〜59歳 | 60歳〜64歳 | 65歳〜 |
|---|---|---|---|---|
| ①給与 | 600万円 | | | |
| ②早期退職金 | | 2,200万円 | | |
| ③転職後の給与 | | 500万円 | 300万円 | |
| ④年金 | | | | 240万円 |
| ⑤配偶者の収入 | 90万円 | 90万円 | | |
| 収入計 | 690万円 | 2,790万円 | 300万円 | 240万円 |

### 50代以降の「支出」想定シート

| | 50歳〜54歳 | 55歳〜59歳 | 60歳〜64歳 | 65歳〜 |
|---|---|---|---|---|
| ①基本生活費 | 200万円 | 200万円 | 140万円 | 140万円 |
| ②住居費 | 150万円 | 150万円 | 150万円 | 50万円 |
| ③教育費 | 140万円 | | | |
| ④保険料(生命保険料等) | 40万円 | 40万円 | 40万円 | 40万円 |
| ⑤その他の支出 | 100万円 | 100万円 | 80万円 | 70万円 |
| 支出計 | 630万円 | 490万円 | 410万円 | 300万円 |

※シートの金額は想定イメージです。

るものです。支給額は60歳以降の各月の賃金に対して最大15％です。

ただ、支給要件があり、雇用保険被保険者期間5年以上、60歳以上65歳未満、75％未満に減少、となっています（65歳雇用完全義務化に伴い、同給付金制度は縮減・廃止される方向にあります）。

ただし、こうした制度や法令はほぼ毎年改正されますし、支給額等の計算は面倒な場合が多いのです。ですので、私はネットの計算サイトなどをよく利用しています。たとえば、カシオ計算機が運営している「Keisan―生活や実務に役立つ計算サイト」（２０２０年11月現在）では、あらゆる計算ソフトが掲載されており、しかも無料で利用できます。もちろん、高年齢雇用継続基本給付金の支給額も簡単に計算できます。

老齢年金に関しては、毎年誕生日月に「ねんきん定期便」が届き、「いつから」「いくら」受給できる見込みなのか、わかります。また「ねんきんネット」では自身の年金情報を24時間いつでも手軽に確認できるほか、「60歳以降も働いて厚生年金保険に加入した場合」など、詳細条件を設定した年金額が試算できたりしますので、大変便利です。

前述したように、働き方やライフスタイルが多様化する中、マネープランも人それぞれです。まずはざっとでよいので、自分が老後にどんな生活をしたいのか、そのためにはいくら必要かをベースに、マネープランを立ててみましょう。

私は企業で退職前研修の講師を務めることもありますが、60歳目前の方々からは「もっと早く知りたかった」

という声をよく聞きます。

自分の人生を見つめなおす意味でも、50歳になったら、マネープランを立ててみることをおすすめします。最初は大雑把でも構いません。マネープランを作成することを習慣づけて、節目節目で見直していけばよいのです。

マネープランを作ることはライフプランを組み立てることに他ならないのです。

## おわりに

「窓際族」……中高年社員を揶揄する言葉として昔から耳にします。最近は、窓際族で年収2000万円もらっている人のことを「ウィンドウズ2000」というのだそうです。

コロナ禍になって、テレワークに伴う在宅勤務やオンライン会議などの「働き方の新しいスタイル」が登場すると、「働かない中高年社員の実態が露呈した」とか「中高年社員の存在は、ほとんど〝老害〟となった」など、耳をふさぎたくなるような論調も見受けられるのは本当に困ったものです。

本書でも触れた「50代シンドローム」。50代社員の多くが経験する「役職定年」「出向・転籍」「年齢を起因とした配置転換」などの〝外的要因〟に、「自分はもはやこれまでなのでは?」と捉えてしまう〝内的要因〟が相俟って、モチベーションが下がったりしてしまうのです。

しかし、すべての中高年社員にシンドロームが訪れるわけではありません。外的要因を経験したときに、「自分もそろそろそんな歳になったのか」というように、なんとなく〝納得〟してしまい、つい弱気になって「本当の自分を見失ってしまう」ことが原因になっていることも多いのです。

考えて見れば、オイルショック、バブル崩壊、リーマンショックなど、中高年社員はこれまでも幾多の修羅場を乗り越えてきたから「今」があるのです。このコロナ禍においても未経験の〝外的要因〟が押し寄せてきていますが、自分自身を見失うことなく「どうこの流れに適応したらいいか」に注力できれば、必ず克服できると思います。

いまこそ自分を見つめ直し、このような時代にあっても「自分らしさ」を見出すことが大切なのではないでしょうか。中高年社員の一番の強みは「経験」です。そこに、過去の荒波を乗り越えてきた「匠の技」を見出していただきたいものです。そんな、したたかな中高年社員の皆さんを、定年後研究所は応援していきたいと考えています。

本書の刊行にあたり、定年後研究所の設立当初からコンセプトメイク等でご指導いただきましたキャリアサイエンス研究所の奈良雅弘さん、一般社団法人ＩＫＩＧＡＩプロジェクトの橘益夫さん・一力簾さん、竹中雄三さん、東洋大学の小島貴子先生には厚く御礼申し上げます。とりわけ、小島先生には「定年3・0」のアイデアと商標の使用許可をいただきまして重ねて御礼申し上げます。

また、本書執筆のために取材などにご協力いただいた方々をはじめ、定年後研究所の真鍋洋代表理事、研究所スタッフの皆さん、株式会社星和ビジネスリンクのセカンドキャリア支援チームのメンバーに御礼申し上げます。

そして、コロナ禍にもめげず最後まで応援してくれた家族、粘り強くご指導いただいた廣済堂出版編集部の飯田健之さんに深く感謝いたします。

2020年12月

得丸英司

編集協力　鈴木　剛
松山　久
図版作成・DTP　桜井勝志
編　　集　飯田健之
協　　力　一般社団法人 定年後研究所
株式会社 星和ビジネスリンク

「定年後」のつくり方
50代から始める「自走人生」のすすめ
2021年2月1日　第1版第1刷

著　者　得丸英司
発行者　後藤高志
発行所　株式会社廣済堂出版
〒101-0052　東京都千代田区神田小川町
2-3-13　M&Cビル7F
電話 03-6703-0964（編集）　03-6703-0962（販売）
Fax 03-6703-0963（販売）
振替 00180-0-164137
URL https://www.kosaido-pub.co.jp
印刷所
製本所　株式会社廣済堂

ISBN 978-4-331-52302-5　C0295